Marc Touati

RESET II

Bienvenue dans le monde d'après

Ce livre est dédié à celles et ceux qui recherchent la vérité

Du meme auteur

RESET - Quel nouveau monde pour demain ? Bookelis, 2020

Un monde de bulles, Bookelis, 2018

La fin d'un monde, Hugo Doc, 2016

Guérir la France La thérapie de choc, Editions du Moment, 2015, « prix du livre d'actualité 2015 » décerné par le Cercle de l'Excellence RH.

Le dictionnaire terrifiant de la dette, Editions du Moment, 2013, réédité en 2014 et passé en édition poche en 2015.

Quand la Zone Euro explosera, Editions du Moment, 2012.

Krach, boom… et demain ?, Dunod, 2009,

Le Politique saisi par l'économie, collectif, Economica, 2002.

Le retour du plein-emploi une nouvelle révolution française, avec Pierre Alexandre, Anne Carrière, 2000.

ISBN : 979-10-359-6053-7

SOMMAIRE

PREFACE

UN NOUVEAU RESET S'IMPOSE.

Avec la pandémie de Coronavirus, certains, dont je faisais partie, avaient osé espérer qu'une réinitialisation économique, géopolitique et financière mondiale se produirait, de manière à repartir sur des bases plus saines. A l'instar d'un appareil temporairement défectueux, il faut effectivement parfois appuyer sur le bouton « RESET » pour redémarrer en corrigeant les erreurs du passé.

C'est notamment dans ce but qu'en septembre 2020, j'ai écrit « RESET - Quel nouveau monde pour demain ? », qui a d'ailleurs été un best-seller des essais économiques pendant deux ans et je vous en remercie.

Mais, malheureusement, comme je le craignais à l'époque, si la pandémie a bien engendré une réinitialisation, cette dernière n'a pas suscité les effets positifs escomptés. Bien au contraire, puisque la situation économico-financière post-Covid19 est pire que celle qui prévalait avant.

En effet, les dettes publiques ont explosé dans la plupart des pays du globe, particulièrement en France et dans les pays du Sud de l'Europe, et ce, sans générer de croissance forte et durable. Le PIB annuel français est d'ailleurs toujours inférieur de 1,7 % à celui qui prévalait en 2019. Autrement dit, le « quoi qu'il en coûte » n'a été qu'une « fuite en avant » qui n'a absolument pas permis de restaurer la bonne santé de la plupart des économies de la planète, notamment française.

Encore plus grave, la gabegie de dettes publiques, elle-même financée par une « planche à billets » irresponsable par son ampleur et sa durée (en particulier dans la Zone Euro) a suscité une flambée inflationniste historique.

Pour ne rien arranger, la pandémie et les confinements ont complètement cassé l'échelle des valeurs. A commencer par la valeur travail. En effet, des millions de personnes ont quitté le marché du travail et n'y sont jamais revenues, en particulier dans les pays développés. A tel point que des pénuries de main-d'œuvre sans précédent se sont imposées durablement dans ces derniers.

Parallèlement, le règne de « l'argent magique » a réactivé des bulles financières explosives. Et ce notamment sur les cryptomonnaies, sur les valeurs du numérique et les fameuses licornes qui, comme leur nom l'indique d'ailleurs, restent de l'ordre de l'irréel. Le drame est que de nombreux investisseurs particuliers qui avaient cru trouver la « martingale » pour devenir riches très vite sans trop d'efforts sont devenus les « dindons de la farce » de l'explosion de ces bulles financières qui est en train de se produire depuis quelques mois.

Dans le même temps, alors que la pandémie du « Coronavirus de Wuhan » était susceptible de nous faire prendre conscience de la dangerosité de notre dépendance à l'égard de la Chine, « l'Empire du milieu » est devenu le principal bénéficiaire de cette crise sanitaire. La Chine a ainsi été le seul grand pays du globe à ne pas connaître de récession annuelle en 2020, et celui qui a connu la plus forte reprise en 2021-2022. Depuis 2021, l'excédent commercial chinois ne cesse même de battre des records, dépassant actuellement les 820 milliards de dollars sur douze mois, contre 430 milliards de dollars en 2019.

Autrement dit : non seulement nous n'avons pas « profité » de la crise pour affaiblir l'hégémonie de la Chine, mais, bien au contraire, nous l'avons renforcée.

Une situation qui ressemble malheureusement beaucoup à celle de la Russie après quelques mois de guerre en Ukraine. En effet, alors que le monde commençait à sortir difficilement la tête de l'eau et semblait pouvoir panser ses plaies et retrouver le chemin de la prospérité, une nouvelle crise est venue tout chambouler. Et non des moindres, puisqu'il s'agit de la guerre Russie-Ukraine. Au-delà des drames humanitaires et des morts qu'elle a engendrés, celle-ci a également aggravé les pressions inflationnistes qui étaient déjà à pied d'œuvre dès 2021. Dans ce cadre, la grande majorité des pays de la planète a connu une inflation soit historiquement élevée, soit au plus haut depuis le début des années 1980.

Face à cette nouvelle crise, les stratégies de politique économique ont été différentes selon les pays et zones. Aux Etats-Unis, dès novembre 2021 et *a fortiori* après la guerre en Ukraine, la Réserve fédérale a fait son mea culpa sur son refus de voir les dangers inflationnistes en face et a décidé de prendre (enfin !) le taureau par les cornes, en augmentant ses taux d'intérêt dès mars 2022. De la sorte, elle entend calmer l'activité économique afin de réduire l'inflation et de repartir par là même sur des bases plus saines.

Dans la Zone Euro, la BCE a au contraire décidé de poursuivre sa « fuite en avant », maintenant une politique monétaire excessivement accommodante de manière à laisser filer l'inflation plutôt que de la contrecarrer au travers d'un ralentissement économique. Ce que feint d'ignorer la BCE c'est que les phases de forte inflation se terminent toujours par une récession. En d'autres termes, mieux vaut limiter rapidement l'inflation quitte à subir une petite récession plutôt que de laisser l'inflation flamber, ce qui se traduira *in fine* par une récession dramatique. La BCE et les dirigeants politiques de la Zone Euro ont donc choisi, ce sera la double peine : une forte inflation et une grave récession.

En fait, il s'agira plutôt d'une quadruple peine, puisqu'à ces deux fléaux, il faut désormais ajouter la chute de l'euro et la réactivation de la crise existentielle de la Zone Euro. Or, si l'euro se déprécie, cela se traduit par une augmentation de l'inflation importée, donc une aggravation de l'inflation globale, ce qui cassera encore davantage le pouvoir d'achat des ménages, alimentera la récession, suscitant une nouvelle vague d'augmentation des déficits publics et de la dette, plongeant la Zone Euro dans une spirale de stagflation (inflation élevée et stagnation économique) durable.

Le plus triste est que pendant que l'Union Economique et Monétaire (UEM) rechute dans une crise politico-économico-financière qui pourrait même lui être fatale, l'économie russe se porte de mieux en mieux. Bien loin de l'effondrement annoncé, celle-ci a nettement augmenté ses recettes financières liées à la flambée des cours des matières premières. Ses excédents commerciaux ne cessent d'ailleurs de battre des records.

Autrement dit, que ce soit la Chine avec la pandémie de Covid 19 ou la Russie avec la guerre en Ukraine, les gagnants des crises sont justement ceux qui devaient en pâtir le plus. Et ce, pendant que les grands perdants demeurent les traditionnels donneurs de leçon, à commencer par l'Union européenne et la Zone Euro en particulier, qui, comme cela s'est observé lors de toutes les crises depuis 40 ans, demeureront les parents pauvres de l'économie mondiale.

Plus de dettes, plus d'instabilité financière, plus d'hégémonie de la Chine, plus de puissance économique pour la Russie, plus de force pour le dollar, moins de crédibilité pour la BCE, moins de confiance à l'égard de la Zone

Euro et des dirigeants politiques de ses principaux membres (France et Allemagne en tête)… A l'évidence, la réinitialisation qui a suivi la pandémie de 2020 a été catastrophique.

Face à ces dérapages et à ces excès, il est donc grand temps d'opérer un deuxième RESET qui, cette fois-ci, sera, espérons-le, bénéfique. C'est l'un des principaux buts de « RESET II - Bienvenue dans le monde d'après ».

Oui, le pire n'est jamais certain ! Et nous pouvons d'ailleurs encore l'éviter. Mais attention, pour ce faire, il nous faudra engager les bons choix stratégiques. Dans le dernier chapitre de ce livre, je proposerai donc une fin alternative : celle du courage et de la sortie par le haut de la crise, mais aussi celle de la peur et du déni de réalité, qui mèneront à la fin de la Zone Euro et à un RESET dramatique qui couronnera la Chine et quelques autres au détriment de l'Europe et de la France.

La balle est dans le camp de nos dirigeants politiques et monétaires. Espérons simplement qu'ils sauront faire les bons choix. L'espoir fait vivre…

En attendant de connaître l'issue de ce match déterminant, nous avons également décidé, avec les équipes de Bookelis, d'inscrire ce livre sur la voie de la remise en question permanente et par là même de l'innovation.

Il sera ainsi le premier livre économique « vivant ». En effet, pendant deux ans, les principaux passages et graphiques de « RESET II » seront constamment mis à jour. Et vous pourrez y accéder tout simplement en ouvrant l'appareil photo de votre smartphone et en le positionnant sur les passages concernés (cf. dernière page du livre pour toutes les explications). Vous aurez même accès à mes vidéos YouTube qui traitent des sujets évoqués dans cet essai, qui conservera ainsi toute son actualité pendant deux ans.

Introduction

De la pandemie a la guerre : La fin d'un monde…

Après deux ans de pandémie, une flambée historique des dettes publiques et des « planches à billets », qui a notamment entraîné une poussée inflationniste inconnue depuis le début des années 1980, on ne pouvait imaginer pire : le déclenchement d'une guerre en Europe entre la Russie et l'Ukraine le 24 février 2022.

Dire que quelques jours auparavant, tous les « éminents géopolitologues » et autres « diseurs de bonne aventure » affirmaient que la Russie n'attaquerait jamais l'Ukraine. Un peu d'ailleurs comme lorsque les « épidémiologistes » et autres « spécialistes » soutenaient en mars 2020 que la COVID-19 n'était qu'une « grippette » ou encore lorsque les économistes de salon et les banquiers centraux soutenaient encore dernièrement que l'inflation resterait modérée et transitoire… C'est triste à dire, mais l'histoire se répète…

Autrement dit, non seulement le cauchemar n'est toujours pas terminé, mais, en plus, il s'intensifie. En effet, sans savoir jusqu'où ira ce conflit et en espérant bien entendu qu'il se résorbera au plus vite, ses conséquences économiques et financières sont déjà dramatiques Et ce, tant pour les économies de la Russie et de l'Ukraine que pour la croissance mondiale, ou encore pour celles de la France et de l'Europe, qui apparaissent finalement comme les grandes perdantes de cette nouvelle crise. Intégrant cette triste réalité, les marchés boursiers ont également fortement dévissé.

Les chiffres parlent d'eux-mêmes : en 13 séances, le Standard & Poor's 500, l'indice phare de la bourse américaine, a chuté de 6,7 %, ce qui portait à 13 % son effondrement depuis le 5 janvier 2022. Fers de lance de la bulle boursière des dernières années, les valeurs dites de croissance ont évidemment encore plus souffert. Le Nasdaq s'est ainsi effondré de 9,5 % en 13 séances et de 20,3 % depuis son sommet de novembre 2022.

Quant au Cac 40, sa « descente aux enfers » a été encore plus dramatique puisqu'il a dégringolé de 14,6 % en 13 séances et de 19,2 % depuis le 5 janvier 2022.

Par la suite, les chutes se sont bien sûr intensifiées. Au plus fort de la dégringolade, en l'occurrence le 16 juin 2022 pour le S&P 500 et le 5 juillet 2022 pour le Cac 40, les baisses comparativement aux sommets du début janvier 2022 étaient de respectivement 23,6 % et 21,4 %.

Quant au Nasdaq, entre son sommet du 19 novembre 2021 et son plancher du 16 juin 2022, il s'est effondré de 33,7 %.

Depuis lors, en dépit de tentatives régulières de rebond, ces trois indices continuent de régresser de l'ordre de 20 % à 30 % comparativement à leurs précédents sommets.

Au-delà du dégonflement de la bulle passée, ces évolutions reflètent simplement le fait que le conflit russo-ukrainien porte en lui les germes d'une forte baisse de la croissance mondiale, voire d'une récession, notamment liée à la flambée des cours des matières premières.

Là aussi, les chiffres sont plus qu'éloquents : le baril de pétrole a ainsi atteint les 130 dollars pour le brent, en mars 2022, un plus haut depuis l'été 2008. Et même si la croissance mondiale est de moins en moins dépendante du pétrole, il ne faut pas oublier qu'une hausse durable du baril de 10 dollars enlève environ 0,4 point à la progression annuelle du PIB planétaire. Comme le baril a progressé de 120 dollars entre avril 2020 et mars 2022, c'est dire l'ampleur des dégâts, même si une baisse corrective s'est ensuite produite.

Et ce, d'autant que les cours du gaz ont également explosé aux Etats-Unis et surtout en Europe. Quant aux cours du blé, ils ont également flambé de 200 % entre juin 2020 et mars 2022, dépassant les sommets de 2008. Synthétisant l'ensemble des cours des matières premières, l'indice CRB a augmenté de 204 % entre le plancher d'avril 2020 et le pic de mi-juin 2022. Dans ce cadre, déjà sur des niveaux très élevés, l'inflation a continué de se tendre, affaiblissant par là même le pouvoir d'achat des ménages, donc la consommation, puis la croissance globale et l'emploi.

Après deux ans de pandémie, il est clair que l'économie mondiale ne pourra pas s'en remettre facilement, et ce d'autant que toutes les cartouches de relance budgétaire et monétaire ont déjà été utilisées à travers le monde.

Certes, les risques engendrés par le conflit ont mécaniquement réduit la probabilité de trop fort resserrement des politiques monétaires qui faisait craindre le pire il y a peu. Pour autant, dans la mesure où leurs taux d'intérêt directeurs sont toujours relativement faibles et que les « planches à billets » ont déjà été utilisées excessivement, les banques centrales n'ont plus aucune marge de manœuvre pour relancer la machine.

Encore plus grave, face à l'inflation galopante, et même si cette dernière est en grande partie due à la flambée des cours des matières premières, les Instituts d'émission ne pourront plus acheter autant de dettes publiques que par le passé. A cet égard, il est d'ailleurs instructif de noter que les taux d'intérêt des obligations d'Etat ont continué d'augmenter, confirmant qu'une nouvelle phase de « quoi qu'il en coûte » financée par les banques centrales n'est plus possible. Guerre ou pas, la facture des excès du passé devra donc bien être payée en 2022 et 2023, voire au-delà.

Et pour ceux qui pensaient que les cryptomonnaies pouvaient constituer des excellentes valeurs refuges face aux crises en tous genres, la dégringolade des cours de ces dernières est revenue mettre les pendules à l'heure. Une fois encore, quelques chiffres valent mieux que de longs discours : en 12 jours, le cours du bitcoin a ainsi chuté de plus 15,3 %. Entre son pic de novembre 2021 et son plancher de juin 2022, il s'est effondré de 75 %. Et même si des rebonds temporaires se produisent, cette volatilité extrême rappelle combien les bitcoins et les cryptomonnaies au sens large sont des « investissements » excessivement dangereux.

Finalement, comme le dit la sagesse populaire : rien de nouveau sous le soleil. Les crises et les guerres font partie de la nature humaine, les bulles doivent se dégonfler et les excès doivent être payés. Et pour couronner le tout, la seule valeur refuge qui a traversé les siècles reste l'or, dont les cours se sont de nouveau approchés des 2 000 dollars l'once au début du conflit en Ukraine.

Pour conclure, et comme nous l'écrivions au début de la pandémie et de la récession qu'elle a suscitée, les crises font partie de la vie économique et sont souvent des phases d'opportunité. Il ne faut donc pas paniquer, mais, au contraire, faire le dos rond et patienter. En espérant que la troisième guerre mondiale n'aura pas lieu, car sinon, le niveau de la croissance et les cours boursiers seront le cadet de nos soucis. Alors, gardons confiance en l'être humain. Il serait tout de même incroyable qu'après avoir bloqué le monde pendant presque deux ans notamment pour éviter la mort prématurée des plus de 80 ans, les dirigeants de la planète décident de détruire la moitié de l'Humanité...

Pour toutes ces raisons et bien d'autres (que nous détaillerons bien sûr dans ce livre), il est donc indispensable que les dirigeants économiques, politiques et monétaires de la planète, mais aussi l'ensemble des citoyens du monde ne tombent pas dans ces pièges si tentants et qu'au contraire, ils tirent les leçons de leurs erreurs passées pour ne pas les rééditer.

Autrement dit, ne baissons pas les bras. Car de la même façon qu'un « Reset » est parfois nécessaire pour relancer une machine ou un appareil défectueux, l'économie, les marchés financiers et nos sociétés au sens large pourront bientôt redémarrer sur des fondements meilleurs. Certes, le premier « Reset » n'a pas fonctionné. Mais rien ne dit que le second ne produira pas des effets favorables.

Ne soyons donc pas défaitistes : Oui, un nouveau paradigme mondial va bien s'imposer au cours des prochaines années. Et si l'incertitude autour de ce nouvel ordre international demeure forte, une chose est sûre : au final, même si la route sera longue et forcément semée d'embûches, le monde sortira de la crise par le haut, car, comme d'habitude, tout ce qui ne nous tue pas nous rend plus fort.

EPISODE I :

LE PIRE N'EST JAMAIS CERTAIN, QUOIQUE...

1.
2020 : L'an foiré !

Si la pandémie de Coronavirus de 2020 restera bien sûr gravée à jamais dans les mémoires, notamment à cause des drames humains qu'elle a causés, elle nous a également montré qu'en quelques jours, l'économie mondiale pouvait s'écrouler, ébranlant ainsi toutes nos certitudes. Elle constitue ainsi une incroyable leçon d'humilité et une ode au Carpe Diem : profitons de l'instant présent tant qu'il en est encore temps.

Ainsi, lorsqu'au début janvier 2020, je présentais dans mes publications et mes conférences mes prévisions et celles des équipes d'ACDEFI pour l'année à venir en titrant : « 2020, l'année de tous les dangers... », nous étions toutes et tous très loin d'imaginer que la réalité serait pire qu'un cauchemar. De même, lorsque le 24 janvier 2020, à l'approche du nouvel an chinois, j'écrivais « L'année du rat de métal risque de faire mal… », j'étais encore loin du compte… A l'époque, le « Coronavirus de Wuhan » commençait tout juste à faire parler de lui et j'annonçais qu'il pourrait enlever quelques dixièmes de point à la croissance mondiale, attirant parfois des critiques sarcastiques…

Et pourtant ! Non seulement cette « grosse grippe », comme l'appelaient alors certains médecins et spécialistes, est devenue une pandémie mondiale, tuant officiellement 6,4 millions de personnes à travers la planète (au 20 juillet 2022), mais, en plus, elle a entraîné une dépression économique internationale sans précédent depuis la Seconde Guerre mondiale. Le drame est que le plongeon du PIB n'est pas qu'un simple chiffre, il se traduit immanquablement par des faillites d'entreprises, des destructions d'emplois massives et une flambée du chômage, même si, dans la plupart des pays développés, et notamment en France et dans la Zone Euro, ces trois fléaux ont été atténués, pour ne pas dire masqués, par la fameuse stratégie du « quoi qu'il en coûte », qui commence d'ailleurs à nous coûter très cher.

Car, justement, pour essayer d'éteindre l'incendie, les dirigeants politiques et monétaires de la planète ont engagé une relance exceptionnelle tant par sa rapidité que par son ampleur. Le problème est qu'avant même le début de la pandémie, la « planche à billets » avait déjà été utilisée excessivement et les dettes publiques atteignaient déjà des niveaux stratosphériques (à part dans certains et rares pays tels que les Pays-Bas, l'Allemagne ou encore l'Autriche et les pays baltes).

Pour mémoire, rappelons que la « planche à billets », également appelée « quantitative easing », revient à créer de la monnaie ex-nihilo, c'est-à-dire sans création de richesses correspondantes. En temps normal, pour pouvoir créer de la monnaie, la banque centrale d'un pays doit disposer de compensations à l'actif de son bilan, en l'occurrence de l'or, des réserves de changes et des titres (notamment des obligations d'Etat). C'est ce que l'on appelle les « contreparties de la masse monétaire ». De la sorte, il existe une correspondance entre la monnaie en circulation et la réalité économique du pays. Cela permet notamment d'éviter les dérapages inflationnistes.

Bien différemment, lorsqu'une banque centrale actionne la « planche à billets », cela signifie qu'elle crée de la monnaie sans contreparties préalables. Elle imprime des billets « sur la base de rien ». Mieux, avec cette « monnaie de singe », la banque centrale monétise la dette publique, c'est-à-dire qu'elle finance directement le déficit public.

Cette stratégie comporte donc un triple avantage. Primo, l'Etat « éponge » son déficit gratuitement, donc sans faire appel aux investisseurs privés et/ou extérieurs. Secundo, comme l'Etat ne fait pas appel aux marchés obligataires, les taux d'intérêt restent bas, ce qui permet de faciliter le financement de l'investissement privé et de la consommation des ménages. Tertio, de par cet excès artificiel de liquidités, la devise du pays concerné se déprécie, soutenant par là même les exportations et la croissance du pays en question.

Le seul danger de cette stratégie est que la conséquence inévitable d'un excès de création monétaire est une inflation galopante. En effet, si la monnaie en circulation ne correspond pas à une création de richesses équivalente, la différence se traduit par davantage d'inflation : si les quantités ne s'ajustent pas, ce sont les prix qui le font.

Et c'est exactement ce qui s'est produit en 2020 et surtout en 2021.

Dès lors, il ne faut pas se leurrer : cette débauche de moyens budgétaires et monétaires n'a constitué qu'une « fuite en avant », destinée à sauver les meubles, mais incapable d'engendrer une croissance forte et durable, principalement dans les pays déjà anesthésiés depuis des années par une dette publique et un soutien monétaire autant pléthoriques qu'inefficaces.

Mais malheureusement, comme disait feu Jacques Chirac, « les problèmes (ou plutôt les « emmerdes » pour reprendre l'expression exacte) c'est comme les oiseaux migrateurs, ça vole toujours en escadrille ». Ainsi, en plus de la pandémie, de la mauvaise gestion sanitaire de cette dernière qui a notamment débouché sur trois confinements (dont deux extrêmes), qui ont eux-mêmes alimenté une récession historique, l'année 2020 a aussi été marquée par des émeutes sociales et des attentats, notamment dans l'Hexagone, ce qui n'a évidemment pas arrangé l'activité économique.

En résumé, en 2020, en dépit des moyens pléthoriques déployés par les Etats et les banques centrales, la quasi-totalité des pays de la planète a subi une chute historique du PIB : - 3,4 % aux Etats-Unis, - 4,6 % au Japon, - 4,9 % en Allemagne, - 6,5 % pour l'ensemble de la Zone Euro, - 6,6 % en Inde, - 7,9 % en France, - 9,1 % en Italie, - 9,3 % au Royaume-Uni et - 10,8 % en Espagne.

Compte tenu de ces récessions dramatiques, les ratios de déficits publics et de dettes publiques rapportés au PIB ont flambé. En France, ils ont atteint fin 2020 des niveaux affolants de respectivement 8,9 % et 115 %.

En fait, en 2020, seul un grand pays du globe n'a pas subi de baisse annuelle de son PIB. Et non des moindres puisqu'il s'agit de celui par lequel tout a commencé, en l'occurrence la Chine. « L'Empire du milieu » s'est ainsi payé le double luxe d'afficher une croissance économique annuelle de 2,7 % et de réaliser un record historique d'excédent commercial à 585 milliards de dollars sur l'ensemble de l'année 2020. Et nous verrons dans les chapitres suivants que ces records ont été largement battus depuis. Autrement dit, dès 2020, la Chine était déjà la grande gagnante de la crise. Une performance qui a été renforcée au cours des années suivantes.

C'est d'ailleurs grâce à elle que la baisse annuelle du PIB mondial n'a été « que » de 3,1 % en 2020. Grâce à ce « moindre mal » et aux « planches à billets » excessives des banques centrales à travers le monde, les marchés boursiers ont aussi fait partie des grands gagnants de la crise, du moins en 2020 et en 2021, avec en tête de pont, les GAFAM et les valeurs du numérique au sens large.

Autrement dit, 2020 n'a pas été un « an foiré » pour tout le monde…

Encore plus problématique : la crise de 2020 n'a pas éradiqué les excès des années précédentes, mais les a au contraire renforcés : hégémonie grandissante de la Chine, surpuissance des GAFAM, regonflement des bulles boursières et obligataires, explosion des dettes publiques sans retour de la croissance forte et durable à la clé, augmentation de la pauvreté, réduction des libertés...

Des dérapages lourds de conséquences et une exubérance qui ont malheureusement été prolongés en 2021, plongeant le monde dans le piège du déni de réalité, puis de la forte inflation et, enfin de la stagflation (stagnation économique et inflation élevée).

2.
2021 : L'exubérance n'a plus de limite.

Dans le sillage de ses nombreux dérapages budgétaires et monétaires, l'année 2021 restera marquée par deux évolutions économiques déterminantes : le fort (mais artificiel) rebond de la croissance et la flambée (très réelle) de l'inflation.

Le problème est que face à ces deux mouvements largement prévisibles (du moins pour ceux qui refusent le déni de réalité et/ou suivent les prévisions de mon cabinet ACDEFI), les banques centrales ont poursuivi leur politique monétaire ultra-accommodante, permettant aux marchés financiers de se complaire démesurément dans les bulles boursières et la faiblesse des taux d'intérêt des obligations d'Etat, en dépit de la dangereuse flambée des dettes publiques.

En effet, par clientélisme et manque de discernement, les banques centrales ont préféré faire plaisir aux marchés et aux gouvernements, plutôt que de lutter contre leur objectif premier, l'inflation.

C'est en cela que l'année 2021 restera comme celle de toutes les exubérances et sera finalement plus dommageable que 2020. Mieux vaut effectivement une récession contrôlée qui permet de repartir sur des bases plus saines qu'une croissance artificiellement élevée qui porte en elle les germes d'une inflation trop forte et par là même de la prochaine crise.

Ainsi, en 2021, « grâce » à l'explosion des dettes publiques et des « planches à billets », la croissance du PIB mondial a atteint 5,7 %, un record depuis la Seconde Guerre mondiale et qui a permis d'effacer complètement la baisse de 2020.

Le pire est que, comme en 2020, le grand gagnant de cette pandémie a été le pays d'où tout a commencé, en l'occurrence la Chine. Et pour cause :

après avoir déjà augmenté de 2,7 % en 2020, le PIB chinois a encore progressé de 8,7 % en 2021, soit, pour la deuxième année consécutive, la meilleure performance du globe.

Parallèlement, l'excédent commercial chinois a battu un nouveau record, à 689,9 milliards de dollars sur un an, et qui sera encore dépassé en 2022.

Pour mieux comprendre la « victoire » chinoise il suffit d'observer l'évolution du PIB annuel réel (c'est-à-dire hors inflation) entre 2019 (c'est-à-dire avant la pandémie) et 2021 pour les principaux pays de la planète. Et il n'y a photo : + 11,7 % pour « l'Empire du milieu », + 2,1 % pour les Etats-Unis, - 1,5 % pour l'ensemble de l'Union Economie et Monétaire, - 1,7 % pour la France, - 2,2 % pour l'Allemagne et - 3,1 % pour l'Italie.

Eh oui ! Vous ne rêvez pas : en dépit d'une flambée exubérante de la dette publique française de 438,2 milliards d'euros entre la fin 2019 et la fin 2021, le PIB français est toujours 1,7 % inférieur à son niveau de 2019. Et nous verrons plus loin que la situation ne s'est malheureusement pas arrangée pour 2022.

Le drame est que l'explosion des dettes publiques et des « planches à billets » des banques centrales ont alimenté une inflation débordante et souvent historique. Et ce dès 2021, c'est-à-dire avant même le début de la guerre en Ukraine. Là aussi, les chiffres parlent d'eux-mêmes : en décembre 2021, le glissement annuel des prix à la consommation était déjà de 7,0 % aux Etats-Unis, un sommet depuis le printemps 1982, 5,3 % en Allemagne, un plus haut depuis 1992, 5 % pour l'ensemble de la Zone Euro, un record historique.

Et si la France restait encore relativement préservée, avec une inflation de 2,8 % aux normes hexagonales et de 3,4 % aux normes européennes, l'explosion des prix à la production faisait déjà craindre le pire. Fin 2021, le glissement annuel de ces derniers était ainsi de 16,3 %, un sommet historique. Que dire alors de son homologue espagnol à 33,1 % ou encore de celui de l'Allemagne à 19,2 %, évidemment des records ?!

Eh bien oui : ne nous leurrons pas ! Si l'inflation a fortement augmenté dès 2021, c'est principalement parce que l'explosion des dettes publiques et la profusion de « planche à billets » ont suscité une forte augmentation de la demande, alors que l'offre, c'est-à-dire pour faire simple la production, ne suivait pas. Or, c'est l'une des règles de base de l'économie : si la demande est durablement supérieure à l'offre, les prix augmentent.

Le maintien voire l'aggravation de l'augmentation des cours des matières premières, notamment énergétiques, mais aussi les pénuries qui se sont multipliées à travers le monde avant et après la guerre en Ukraine n'ont fait qu'aggraver la situation, confirmant que la flambée inflationniste était et est toujours durable. D'autant que, face à ces dangers inflationnistes, visibles, encore une fois, dès 2021, les autorités budgétaires et monétaires sont restées dans le déni de réalité et ont refusé de stopper leur profusion de dettes publiques et de « planches à billets ».

Rappelez-vous : ce n'est qu'en novembre 2021 que la Réserve fédérale américaine a commencé à reconnaître ses erreurs. Et ce n'est qu'en juillet 2022 que la BCE a timidement arrêté son aveuglement.

Encore plus grave, les dérapages des Etats sur le front des dettes publiques et surtout des banques centrales en matière d'injection de liquidités ont également suscité des exubérances encore plus fortes sur les marchés financiers : poursuite de la bulle sur les bourses internationales, qui ont atteint de nouveaux sommets historiques en 2021 et jusqu'au tout début janvier 2022, flambée des valeurs du numérique et des cryptomonnaies jusqu'à la fin 2021.

Cette dichotomie entre une économie affectée par une forte inflation et des marchés financiers flamboyants a également suscité une augmentation des inégalités entre ceux qui ont pu faire fructifier leur épargne grâce aux bulles en tous genres et ceux qui ont dû puiser dedans pour faire face aux affres de l'activité économique.

Quant aux taux d'intérêt des obligations d'Etat, s'ils sont restés très faibles, ils ont régulièrement augmenté en 2021 et notamment sur la fin d'année, montrant que la fête était bien en train de se terminer.

En conclusion, plus que ceux de 2020, les excès de 2021 sont devenus particulièrement dangereux dans la mesure où ils portaient en eux les stigmates d'une sévère correction pour les années 2022 et 2023.

Piètre réconfort : après voir corrigé ces dérapages, nous pourrons peut-être retrouver un monde moins exubérant et mieux connecté aux réalités économiques en 2024 et 2025.

Croissance du PIB mondial : Chute, rebond, rechute…

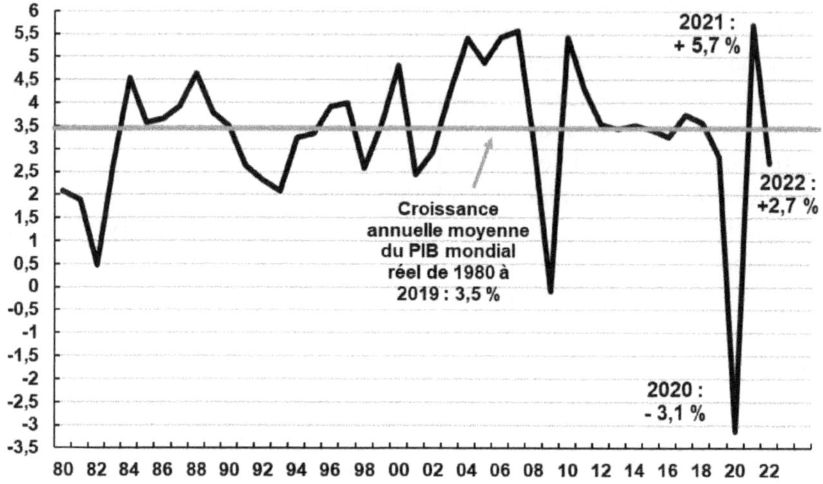

Sources : FMI, Prévisions ACDEFI

En 2021, le PIB français annuel réel (c'est-à-dire hors inflation) était encore inférieur de 1,7 % à son niveau de 2019.

PIB français annuel réel de 2016 à 2021 :

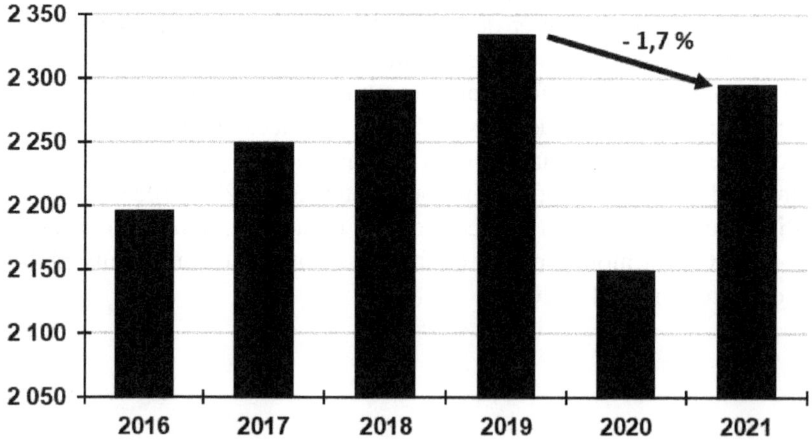

Sources : INSEE, ACDEFI

3.
Le piège du « quoi qu'il en coûte ».

Toutes les exubérances, les dérapages et les erreurs de politiques économiques de 2020 et surtout de 2021 peuvent se résumer en quelques mots : « quoi qu'il en coûte ». En effet, si ce dernier était, à la rigueur, justifié au printemps 2020, lorsque la planète pensait avec effroi que la pandémie pouvait marquer la fin de l'Humanité, cette stratégie de la fuite en avant est devenue un piège dramatique à partir de la fin 2020 et en 2021. Et ce, en particulier dans les pays déjà surendettés avant la pandémie, et notamment la France.

Depuis le premier confinement, en mars 2020, le fameux « quoi qu'il en coûte » du gouvernement français est ainsi devenu, du moins en apparence, une sorte de formule magique capable de résoudre tous nos problèmes. Pourtant, bien loin de ce mensonge d'Etat, la France est au bord du gouffre.

Entre le quatrième trimestre 2019 et le premier de 2022, la dette publique française a ainsi augmenté de 526,9 milliards d'euros, atteignant un nouveau record historique de 2 901,8 milliards d'euros.

Or, sur cette même période, le PIB annuel français en valeur (c'est-à-dire inflation comprise) n'a augmenté que de 95,8 milliards d'euros.

Parallèlement, en dépit d'une dépense publique qui a dépassé les 60 % du PIB en 2020 (le niveau le plus élevé du monde), qui se stabilise autour des 59 % depuis, et d'une dette publique d'environ 115 % du PIB, la France a connu une récession dramatique en 2020 et n'a toujours pas retrouvé en 2022 son niveau de PIB de 2019.

Tout ça pour ça ! Car, soyons honnêtes : si l'augmentation des dépenses publiques et de la dette engendre une progression supérieure de la richesse créée en France, alors, allons-y : au diable l'avarice ! Dans ce cas, la dette devient effectivement soutenable et les risques qu'elle engendre acceptables. En revanche, si l'augmentation de la dette devient durablement cinq fois supérieure à celle du PIB, non seulement le jeu n'en vaut pas la chandelle, mais surtout, l'économie concernée fonce droit vers la faillite.

Encore plus grave, si la flambée de la dette et des dépenses publiques assurait la paix sociale, on pourrait à la rigueur la supporter. Mais ce n'est même plus le cas dans notre « douce France », comme l'ont encore montré les résultats des élections présidentielles et législatives ou encore les risques permanents de dérapages sociaux et sociétaux.

Autrement dit, alors que l'énormité des dépenses et de la dette publiques de la France aurait dû lui permettre de figurer parmi les pays les plus performants en matières économiques et sociales, ou encore de stabilité politique et sociétale, c'est exactement le contraire qui s'est produit.

Pour autant, en dépit de ces échecs cuisants qui prouvent la faible efficacité de la dépense publique en France, de plus en plus de voix s'élèvent pour demander une nouvelle augmentation de cette dernière. L'argument est presque toujours le même : la dette ne coutant soi-disant rien, il n'y a pas de raison de ne pas l'augmenter davantage. Pourtant, n'en déplaise à de trop nombreux diseurs et diseuses de bonne aventure, il faut arrêter de mentir aux Français. Cette fuite en avant du « quoi qu'il en coûte » nous coûtera justement très cher à nous et à nos enfants, voire petits-enfants.

Pour le comprendre, il suffit simplement de se poser une question essentielle : qui va payer la flambée de la dette publique ? En fait, il existe quatre réponses possibles, qui peuvent d'ailleurs se cumuler. La meilleure consisterait en un retour rapide de la croissance forte. En effet, comme nous venons de le souligner, une dette publique élevée n'est pas forcément catastrophique, si et seulement si elle est soutenable, c'est-à-dire qu'elle génère une croissance suffisamment forte pour payer au moins les échéances annuelles de la dette. Le problème est que dans le contexte actuel de croissance molle, voire de récession, rares sont les pays qui paraissent susceptibles d'y parvenir. Pour mémoire, rappelons que la France n'y est jamais arrivée depuis 2007.

D'où une deuxième réponse palliative : l'augmentation de l'inflation. L'Histoire a effectivement montré que, très souvent, une forte inflation permettait de payer la dette de façon quasiment indolore. Le problème est que si l'inflation augmente trop fortement, comme c'est le cas depuis quelques mois, alors la récession et le chômage s'aggravent, entraînant une baisse des revenus, ce qui détériorera davantage le pouvoir d'achat des ménages et aggravera mécaniquement la récession, donc le chômage, les déficits et la dette…

C'est alors qu'une troisième solution semble faire de plus en plus l'unanimité : l'annulation de la dette. C'est d'ailleurs ce qu'ont fait tous les pays surendettés et/ou en défaut de paiement à travers l'Histoire. Ce qu'on oublie souvent de rappeler c'est qu'après l'avoir fait, ces pays ont été relégués au ban des Nations pour longtemps. De plus, cette « solution », à compter qu'elle soit techniquement possible (hypothèse très farfelue), se traduirait par une forte remontée des taux d'intérêt des crédits, ce qui aggraverait la récession, et augmenterait le chômage, suscitant une nouvelle flambée des déficits et des dettes, sans parler des risques financiers, sociaux et sociétaux qui en découleraient.

Dans ce cadre, une quatrième solution est en train de s'imposer subrepticement, d'autant qu'elle a quasiment toujours été utilisée, en particulier en France. Il s'agit de l'augmentation des impôts. Les dirigeants français ont beau claironner qu'il n'en sera rien, peut-on raisonnablement les croire ?

D'ailleurs, depuis quelques années, le FMI (Fonds Monétaire International) n'hésite plus à annoncer la couleur. Dans son « Moniteur des finances publiques » de janvier 2021, il recommande ainsi aux États surendettés d'augmenter la pression fiscale, notamment sur le patrimoine et l'épargne. En d'autres termes, chers épargnants français et du monde entier, préparez-vous à payer les erreurs de vos chers Etats !

Le drame est que la France étant déjà numéro un mondial de la pression fiscale, accroître encore cette dernière reviendra à casser davantage la croissance, ce qui réduira l'assiette fiscale, dont accroîtra les déficits et la dette.

Il est donc urgent d'arrêter de laisser croire que la flambée de la dette publique française sera indolore. Bien au contraire, il faudra la rembourser et si la croissance forte ne revient pas, elle se traduira inévitablement par une hausse des impôts.

En conclusion, il faut cesser de se voiler la face : la pandémie n'a fait que refléter les échecs de la France. Il n'est plus acceptable que notre pays soit la première puissance de la planète en matière de dépenses publiques et l'une des premières sur le front de la dette publique, tout en affichant de si mauvais résultats économiques.

La dette publique a explosé…

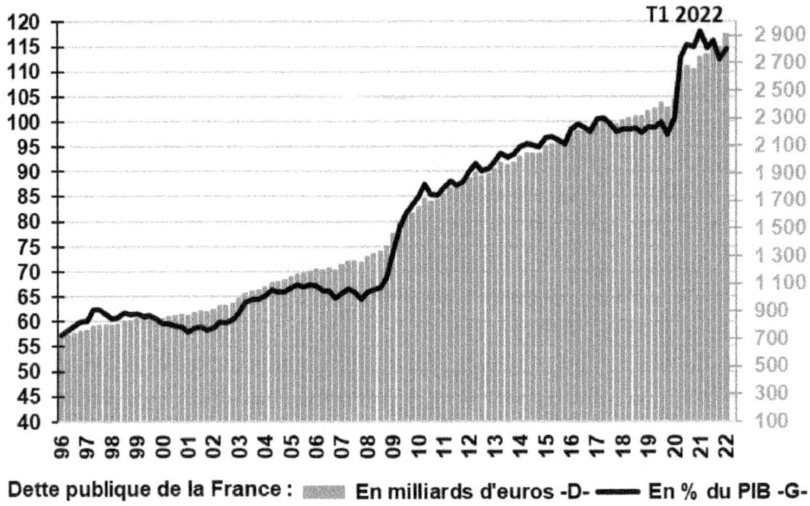

Sources : INSEE, ACDEFI

… Tout comme la « planche à billets ».

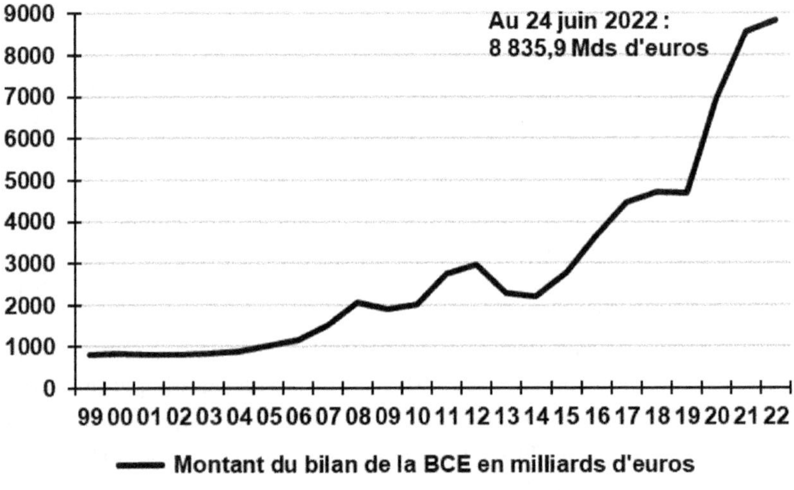

Sources : BCE, ACDEFI

EPISODE II :

LE « BAD RESET » S'EST IMPOSÉ.

4.
La Chine, grande gagnante de la crise.

Dans mon livre précédent, c'est-à-dire « RESET - Quel nouveau monde pour demain ? », je défendais notamment que la pandémie de Covid-19 serait bien sûr douloureuse pour toutes et tous, mais qu'elle se traduirait par une réinitialisation (le fameux « Reset ») de l'économie et des marchés financiers à travers le monde.

Habitués aux mauvaises surprises, je soulignais également qu'il y avait deux types de Reset possibles. Le premier, celui que l'on souhaite toutes et tous, se traduirait par un redémarrage positif selon lequel le monde d'après la pandémie serait meilleur que le précédent, dans la mesure où il viendrait corriger en partie les erreurs du passé, par exemple la suprématie sans limite et sans contrôle de la Chine, l'exubérance irrationnelle des marchés ou encore l'explosion de la dette publique stérile de certains pays, c'est-à-dire sans effet bénéfique durable sur la croissance et l'emploi.

A l'opposé, il existait également un second type de Reset, celui que l'on pourrait qualifier de « Bad Reset » ou « mauvaise réinitialisation », c'est-à-dire une remise à zéro qui susciterait un nouveau monde pire que l'ancien.

Et, malheureusement, au regard des récentes évolutions économiques, financières et géopolitiques, c'est celui-ci qui s'est progressivement imposé, avant même le début de la guerre en Ukraine.

En effet, bien loin de « sanctionner » la Chine et de lui imposer des normes sanitaires, sociales et démocratiques, rien n'a été fait. Si bien qu'en dépit de son origine indubitable dans cette pandémie mondiale et malgré les mensonges qu'elle a diffusés depuis maintenant plus de deux ans, la Chine est encore plus puissante qu'avant le Coronavirus de Wuhan.

Ainsi, après avoir subi une baisse historique de son PIB de 9,8 % au premier trimestre 2020 dans le sillage du confinement de la première vague de la pandémie de Covid 19, la Chine a ensuite connu une croissance exceptionnellement forte de 11,7 % dès le trimestre suivant. Continuant sur cette lancée, l'économie chinoise n'a cessé de progresser fortement depuis. Si bien qu'entre le quatrième trimestre 2019 et le premier trimestre de 2022, son PIB a progressé de 11,7 %.

Certes, au deuxième trimestre 2022, le PIB chinois a de nouveau reculé de 2,6 %. Pour autant, ce repli est presque passé inaperçu.

Non seulement parce qu'il est lié au retour des confinements stricts dans l'Empire du milieu au cours du printemps dernier, mais aussi parce qu'en juin 2022, les indicateurs conjoncturels se sont très nettement améliorés.

Ainsi, les glissements annuels de la production industrielle et des ventes au détail ont nettement rebondi en juin à respectivement + 3,9 % et + 3,1 %, contre + 0,7 % et - 6,7 % en mai.

Parallèlement, après être temporairement tombé en zone de récession pendant les confinements du printemps, les indices Caixin des directeurs d'achat chinois sont très vite revenus sur le terrain bien plus propice de la croissance soutenue. En juin, ils ont ainsi atteint des niveaux de 51,7 dans l'industrie, 54,5 dans les services et 55,3 pour l'ensemble des secteurs d'activité. Pour mémoire, dès que ces indices dépassent la barre des 50, ils annoncent une augmentation du PIB et, à l'inverse, ils prévoient un repli de ce dernier lorsqu'ils repassent en-dessous.

En outre, pendant que la France, l'Allemagne, la Zone Euro et les Etats-Unis battent des records de déficits commerciaux, la Chine n'a également cessé de battre des records, mais, cette fois-ci, d'excédents commerciaux. En juin 2022, ces derniers ont ainsi frôlé les 100 milliards de dollars sur un mois et surtout les 823,6 milliards de dollars sur douze mois. Du jamais vu ! Et ce, notamment grâce à la forte hausse des exportations.

Autrement dit, bien loin d'avoir réduit leurs achats de produits chinois, les pays du globe n'en ont jamais autant effectués.

Plus fondamentalement, que ce soit lors de la pandémie ou lors de la faillite du promoteur immobilier Evergrande, une constante semble s'imposer : la Chine plie mais ne rompt pas. Et ce, même si elle doit parfois temporiser.

Il faut dire que de 1980 à 2021, le PIB chinois réel (c'est-à-dire hors inflation) a progressé de 3 630 %. Sur la même période, l'augmentation du PIB réel a atteint 980 % en Inde, 280 % pour la planète, 188 % aux Etats-Unis et 96 % en France. C'est dire l'ampleur du « miracle » chinois. Conséquence logique de ce rattrapage détonant, la part de la Chine dans le

PIB mondial (mesuré en parités de pouvoir d'achat) est passée de 2,3 % en 1980 à 19 % aujourd'hui. Celle de l'Inde de 2,8 % à 7,0 %, celle des Etats-Unis de 21,4 % à 15,9 % et celle de la France de 4,3 % à 2,2 %.

Seulement voilà, même si l'arbre chinois de la croissance est un sequoia, il a aussi ses limites. D'ailleurs, depuis une quinzaine d'années, les Chinois savent qu'une crise financière et une crise de croissance sont inévitables. Après un premier coup de semonce lié à la pandémie du « Coronavirus de Wuhan », l'économie chinoise se heurte désormais à des pénuries de matières premières qui freinent l'activité économique, mais aussi à une flambée excessive des prix immobiliers, qui interdisent à de plus en plus de Chinois, déjà affaiblis par le ralentissement économique, d'accéder à la propriété. Dès lors, les promoteurs immobiliers de l'Empire du milieu qui avaient massivement construit « limitless », c'est-à-dire sans limite, sont désormais en danger.

Ainsi, lors de l'automne 2021, le premier promoteur immobilier chinois, Evergrande, puis, deux de ses concurrents, Fantasia et Sinic, ont mordu la poussière, se retrouvant dans l'incapacité de payer les échéances de leurs dettes. Ces nouvelles difficultés confirment donc que la bulle immobilière chinoise s'est bien dégonflée.

Face à ce nouveau coup de semonce, une question se pose : pourquoi le gouvernement chinois a-t-il laissé ses fleurons immobiliers s'effondrer ? A titre de comparaison, en 2015, lorsque certaines banques chinoises étaient au bord de la faillite, celui-ci les avait aidées et parfois recapitalisées, notamment en puisant plus de 1 000 milliards de dollars dans les réserves de changes de la Banque Centrale Chinoise. Si bien que cette crise bancaire est passée inaperçue. Aujourd'hui, sachant pourtant manier avec habileté l'art de la rétention d'information, le gouvernement chinois lâche en pâture certains de ses fleurons immobiliers. De quoi laisser penser qu'il souhaite à la fois faire des exemples et aussi redistribuer les cartes et les actifs de son secteur immobilier.

Tout se passe donc comme si la Chine préférait sacrifier certains de ses champions pour mieux contrôler sa croissance et mieux faire face aux crises à venir.

En fait, pour mieux affronter ces dernières, la Chine dispose de trois armes qu'elle n'hésite pas à utiliser à l'envi. Primo, la baisse des taux directeurs de la Banque Populaire qu'elle a d'ailleurs dernièrement actionné. Secundo, l'arme du taux de change. Depuis février 2022, le yuan pour un dollar est ainsi passé de 6,36 à 6,79, un niveau oublié depuis octobre 2020. Avec une devise de combat à près de 7 yuans pour un dollar (contre un niveau de la parité des pouvoirs d'achat de 3,5), la Chine ne veut donc prendre aucun risque et pourrait même encore augmenter ses exportations, qui sont déjà sur des sommets.

Tertio, elle est également en train d'utiliser sa troisième « arme », en l'occurrence ses réserves de changes. Si celles-ci ont déjà commencé à baisser (- 120 milliards de dollars depuis décembre 2021), elles restent sur un niveau toujours très élevé de près de 3 100 milliards de dollars.

Dans ce cadre, en dépit d'un inévitable ralentissement, la croissance chinoise devrait encore dépasser les 4 % en 2022, ce qui constituera l'une des meilleures performances de la planète.

Face à ce nouveau coup de baguette magique, une autre question s'impose cependant : peut-on encore faire confiance aux statistiques officielles chinoises ? Et ce, surtout lorsque l'on sait qu'officiellement, le nombre de décès en Chine liés au Covid 19 est toujours de seulement 4 636 personnes. Un chiffre à comparer aux 1,4 milliard d'habitants et aux 11 millions de décès en moyenne chaque année en Chine, soit environ 30 000 personnes par jour… A l'évidence, il y a un « léger problème ».

Et, malheureusement, la pandémie n'a rien changé. Bien au contraire. En fait, les occidentaux sont tombés dans leur propre piège : en devenant de plus en plus dépendants des produits chinois, ils se sont eux-mêmes condamnés à l'impossibilité de « punir » la Chine. Encore plus grave : si jamais, les pays développés décidaient (enfin !) de réduire massivement leurs importations de produits chinois, cela se traduirait par une nouvelle aggravation de l'inflation dans ces mêmes pays, ce qui casserait encore davantage le pouvoir d'achat des ménages et la croissance avec.

Et ce, d'autant qu'à l'inverse de la Chine, les pays développés, et notamment en Europe, n'ont plus aucune marge de manœuvre pour relancer la machine économique en cas de nouvelle crise.

C'est bien là un autre drame de la pandémie : elle vient de Chine, mais c'est cette dernière qui en a le moins pâti et qui finalement en profitera le plus. Sauf si une prise de conscience internationale s'impose pour boycotter l'Empire du milieu, tant que ce dernier ne respectera pas un minimum de règles démocratiques et sanitaires. Mais là, comme nous venons de l'expliquer et comme cela s'est déjà observé au cours des deux dernières années, il ne faut malheureusement pas rêver.

Le Coronavirus aboie, mais la caravane chinoise avance…

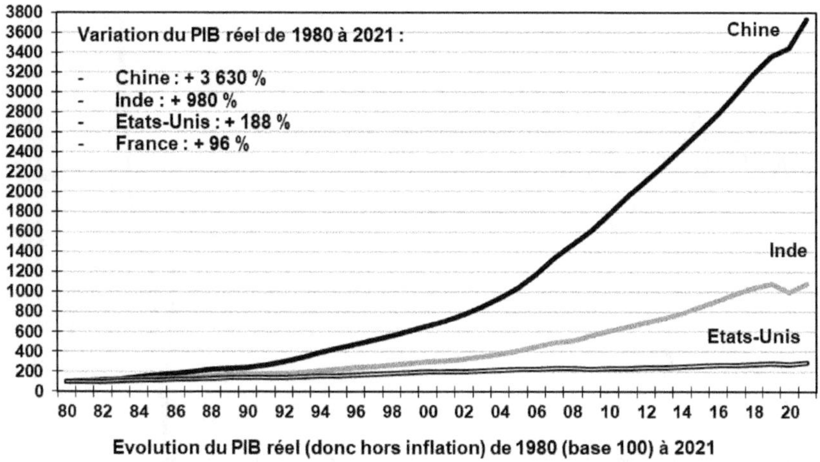

Sources : BEA, NBSC, Mospi, ACDEFI

L'excédent commercial chinois ne cesse de battre des records historiques : 823,6 milliards de dollars en juin 2022.

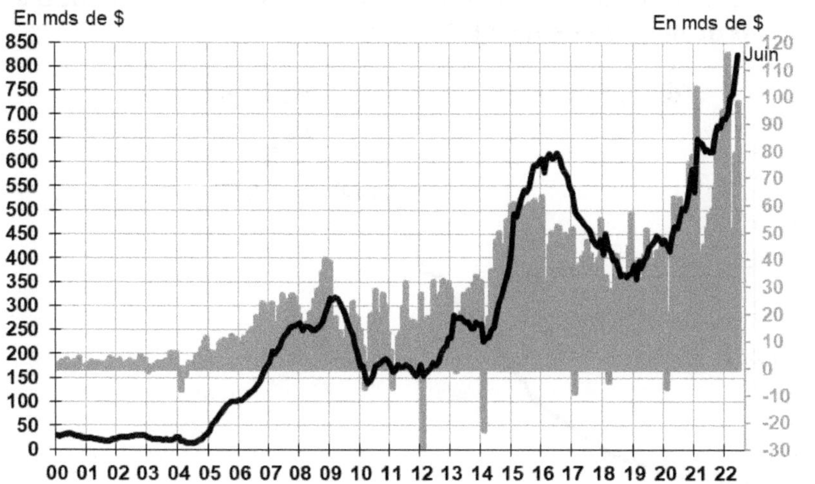

Sources : NBSC, ACDEFI

Le Yuan est une arme de politique économique.

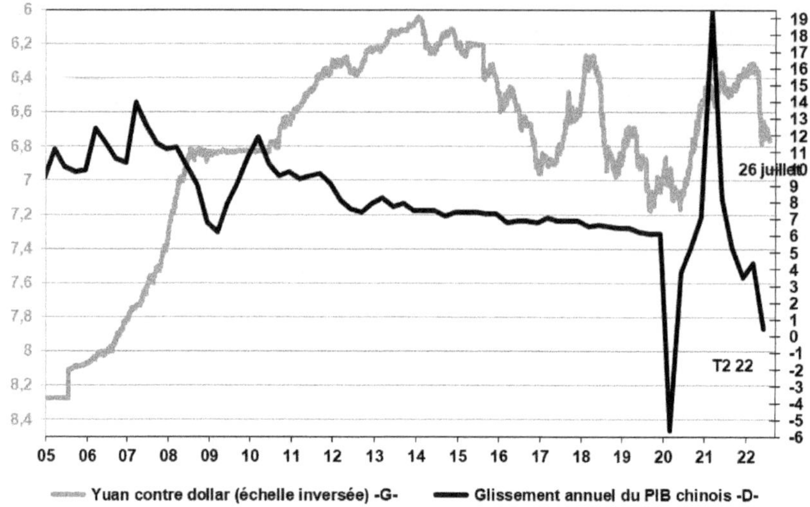

Sources : NBSC, ACDEFI

Les réserves de changes de la Chine restent très élevées : plus de 3 000 milliards de dollars en juin 2022.

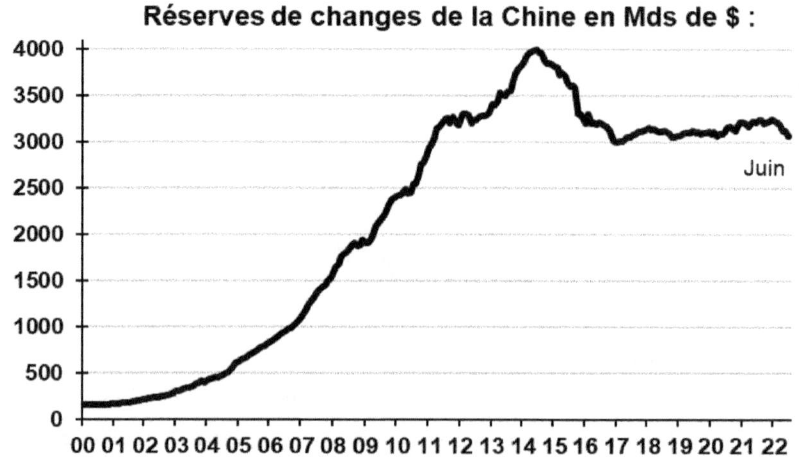

Sources : NBSC, ACDEFI

5.
France, Zone Euro et nos libertés : Grandes perdantes du Reset.

Pandémie de Coronavirus, guerre en Ukraine, flambée inflationniste. Les conséquences de ces trois catastrophes sont malheureusement loin d'être terminées, mais il est d'ores et déjà possible d'en dresser un premier bilan, en se posant la question suivante : qui sont les plus grands perdants de ces trois fléaux ?

Malheureusement, comme cela s'est déjà observé lors des crises précédentes, les grands perdants sont la Zone Euro et la grande majorité de ses membres et notamment la France. Les chiffres parlent d'eux-mêmes : de 2019 à 2021, le PIB annuel réel (c'est-à-dire hors inflation) de l'UEM enregistre une baisse de 1,5 %, celui de la France recule de 1,7 %, celui de l'Allemagne de 2,2 %, celui de l'Italie de 3,1 %. Et ce, en dépit de l'explosion des dettes publiques et de son financement par une « planche à billets » de la BCE complètement démentielle.

Si l'on élargit le prisme à 2007, les variations du PIB sont également détonantes : seulement + 10,3 % pour le PIB français, soit une croissance annuelle moyenne de seulement 0,7 %. Pour l'Allemagne, le résultat est à peine meilleur : respectivement + 13,5 % et + 0,9 %. Que dire alors de l'ensemble de la Zone Euro, avec des « performances » de 8,6 % et 0,6 %. Mais, il y a pire. En effet, en Italie, le PIB réel de 2021 est inférieur de 6,6 % à son niveau de 2007. En Grèce, il accuse une chute de 27,8 %. Encore plus fou, le PIB réel italien de 2021 est à peine supérieur à celui qui prévalait en 2000. Celui de la Grèce de 2021 équivaut à celui de 1998.

Le drame est que pour 2022, la situation ne s'est non seulement pas améliorée, mais elle est même en train de se détériorer, à cause notamment d'une inflation oubliée depuis le début des années 1980. Autrement dit, après avoir été menacée par la déflation, la Zone Euro et ses principaux membres sont aujourd'hui tombés dans la stagflation, qui allie récession économique et inflation trop élevée.

Là aussi, les chiffres sont éloquents : 8,9 % d'inflation dans l'UEM en juillet et certainement près de 10 % d'ici la fin 2022. En France, si le glissement annuel des prix à la consommation est encore de « seulement » 6,1 % en juillet (6,8 % aux normes européennes), il sera bientôt de 8 %.

En outre, cette inflation est très inégalitaire, dans la mesure où elle porte principalement sur les biens et services du quotidiens, et notamment dans les domaines énergétiques et alimentaires. Pour prendre l'exemple français, il faut ainsi savoir que dans le calcul de l'inflation moyenne, les produits alimentaires représentent 14,7 % et l'énergie 5,6 %. Pour un ménage modeste, ces pondérations sont au moins doublées. Dans ce cadre, l'inflation française de juillet n'est pas de 6,1 % comme affichée en moyenne, mais de 10,7 %. C'est dire combien la flambée inflationniste actuelle porte en elle les germes d'une forte instabilité sociale, voire sociétale.

Le pire est que pour faire face à ce danger, les dirigeants français sont encore sur le point d'augmenter plus que de raison les dépenses et la dette publiques. Dès lors, dans la mesure où ce nouveau « quoi qu'il en coûte » ne pourra pas à être financé par la « planches à billets », qui, ne l'oublions pas, a été l'origine première de la résurgence inflationniste dès 2021, les taux d'intérêt des obligations d'Etat et des crédits au sens large vont continuer de se tendre fortement. Ce qui se traduira par une nouvelle baisse de l'investissement, de la consommation et de l'activité au sens large, donc une augmentation du chômage et des déficits publics. Pour financer ces derniers, la tentation sera alors grande d'augmenter encore les impôts.

Autrement dit, comme cela est malheureusement très souvent le cas, les grands perdants des dernières crises seront, encore et toujours, les contribuables et la classe moyenne au sens large, qui continuera de s'appauvrir, en particulier dans de nombreux pays de la Zone Euro et notamment en France.

A l'inverse, d'autres pays réussiront, comme souvent également, à tirer leur épingle du jeu. Il s'agira principalement de la Chine et de l'Inde, qui devraient enregistrer une croissance supérieure à respectivement 4 % et 6 % en 2022, notamment grâce à la poursuite du rattrapage de leur demande intérieure et à un dynamisme à l'international encore plus marqué.

L'Irlande aussi continuera de détonner. Même si son PIB continue d'être gonflé par l'implantation des grands groupes internationaux, alléchés notamment par un taux d'imposition sur les sociétés de seulement 12,5 %, les performances du Tigre Celtique demeurent impressionnantes. De 2019 à 2021, son PIB annuel réel (c'est-à-dire hors inflation) a augmenté de 19,8 % et devrait encore croître d'au moins 5 % en 2022.

La Suisse ne sera pas en reste, avec une progression annuelle de son PIB proche de 3 %, notamment grâce à une industrie extrêmement innovante et à une demande intérieure très dynamique.

Quant aux Etats-Unis, en dépit d'une forte inflation, ils devraient aussi limiter les dégâts, notamment grâce à un marché du travail de plein-emploi et au renforcement du dollar sur la scène internationale.

Mais, au-delà du match des pays perdants et des pays gagnants des dernières crises, la plus grande perdante restera certainement notre liberté, qui a été amoindrie par la gestion de la pandémie et que nous ne retrouverons peut-être jamais comme auparavant.

« Un peuple prêt à sacrifier un peu de liberté pour un peu de sécurité ne mérite ni l'une ni l'autre, et finit par perdre les deux ». Initialement écrite par Benjamin Franklin en 1755, cette phrase a été utilisée à de nombreuses reprises depuis et notamment par le président américain Franklin Roosevelt dans son « discours des Quatre libertés » du 6 janvier 1941. Même si la compréhension et l'utilisation contemporaines de cette citation sont souvent erronées et approximatives, son message correspond malheureusement en partie à la situation dans laquelle l'Humanité vit depuis plus de deux ans et peut-être pour encore longtemps.

En effet, à force de sacrifier l'amour de la vie sur l'autel de la peur de la mort, notre liberté a été bafouée. Fort heureusement, la France n'a pas adopté la politique totalitaire et gravement liberticide de certains pays qui n'ont pas hésité à multiplier les confinements stricts et à interdire la sortie et l'entrée de leur territoire à leurs propres citoyens, en les parquant dans des hôtels-prisons.

Pour autant, les atteintes à nos libertés ont été pléthore, y compris en France, notamment à cause des lourdeurs administratives hexagonales et du manque d'anticipation de nos dirigeants, en particulier sur les fronts de la vaccination et des traitements anti-Covid. Pour le pays de Pasteur, avouons que l'échec et la déception sont de taille.

Bien entendu, la vie et la bonne santé sont sacrées. La Covid19 a d'ailleurs emporté cinq de mes amis proches, à qui j'ai dédié mon livre précédent « RESET - Quel nouveau monde pour de demain ? ». Cependant, la mort fait partie de la vie et il serait vain de se laisser enfermer dans la dictature sanitaire.

De même, plus récemment, avec la guerre en Ukraine et le risque de pénurie énergétique, le gouvernement français a commencé à nous préparer à une nouvelle salve de restrictions en matière de consommation énergétique. Plutôt que d'expliquer et de responsabiliser, les interdictions ont donc été constamment préférées.

Aussi, il apparaît indispensable de prendre un maximum de recul par rapport à l'instant présent et de réfléchir sur des notions fondamentales telles que celle de la liberté. Liberté physique bien entendu, mais surtout liberté intellectuelle. Sans vouloir s'engager dans un débat philosophique ésotérique, je souhaite simplement pointer du doigt les risques d'auto-aliénation qui menacent depuis la pandémie et la gestion qui en a été faite un peu partout dans le monde et notamment en France.

En effet, sommes-nous vraiment en liberté ? Sommes-nous vraiment libres de dire ce que nous pensons intrinsèquement en toute indépendance ? Ou alors, nos pensées et nos écrits ne sont-ils pas plutôt le produit d'un environnement et d'une mentalité que nous subissons ? Ou encore pire, ne faisons-nous pas simplement que vivre sous le diktat de nos dirigeants, de nos médecins, de nos médias bien-pensants, des « spécialistes » en climatologie, de nos clients, de nos collègues, de nos pairs, voire les sept à la fois ?

Selon moi, tel est l'enjeu principal de la liberté et par là même de l'honnêteté intellectuelle. Bien entendu, il ne faut pas pour autant se voiler la face et refuser les évidences pour prouver sa liberté et son indépendance. Il est clair que cette stratégie jusqu'au-boutiste est structurellement vouée à l'échec. Parallèlement, la liberté ne permet pas d'éviter les erreurs. Mais là aussi, il faut avoir l'honnêteté de les reconnaître. Voilà pourquoi chaque année depuis plus de vingt ans, nous publions, mon équipe et moi, le bilan de nos prévisions, avec des réussites et aussi des erreurs.

Mais une chose est sûre, la véritable liberté de l'être humain réside dans l'indépendance intellectuelle. Pour l'économiste, cela se traduit par une véritable transparence de ses analyses et de ses prévisions qui doivent toujours se baser sur la réalité des fondamentaux économiques et ne surtout pas suivre bêtement le consensus. C'est la raison pour laquelle, en dépit du pessimisme ambiant, en dépit des évidences, mais qui ne sont qu'apparentes, en dépit enfin de la volonté généralisée de détruire le moindre souffle d'optimisme, je continue de garder l'espoir.

Certes, la France et la Zone Euro sont au bord du gouffre. Certes, nous sommes menacés par une nouvelle grave récession, qui se traduira notamment par une augmentation du chômage. Certes, des ajustements massifs et souvent salutaires vont se produire sur le fonctionnement de nos économies. Pour autant, je ne crois aucunement à la théorie avancée par certains, non par conviction mais simplement par suivisme, selon laquelle le monde actuel s'écroulerait, ouvrant la voie à une révolution dévastatrice.

Evidemment, cette vision du monde est très pratique. Elle réveille en nous nos instincts primitifs selon lesquels il faut tuer les coupables et créer un nouveau monde dans lequel la puissance publique serait encore plus forte et dominatrice. Ce choix serait extrêmement dangereux. Primo, parce que la stratégie des boucs émissaires peut conduire l'Homme aux pires horreurs. Les années 1930 et la Seconde Guerre mondiale nous en ont donné des dramatiques exemples.

Secundo, parce qu'une révolution, on sait toujours lorsqu'elle commence, mais on ne sait jamais quand et comment elle se termine. Robespierre n'était-il pas l'un des plus modérés au début de la Révolution Française pour finalement instaurer la terreur qui finira d'ailleurs par le décapiter ?!

Tertio, imaginer qu'un Etat et des dépenses publiques omnipotents réussiront à créer un monde meilleur est une erreur profonde. Non seulement parce que la gestion publique est loin d'être un modèle d'efficacité. Mais surtout parce que cela ne reviendrait qu'à transférer le problème d'une sphère privée en difficulté mais combative vers une sphère publique liberticide et inefficace. Cela a d'ailleurs déjà été tenté lors de la révolution soviétique de 1917 puis avec la création de l'URSS, puis en Corée du Nord, à Cuba ou plus dernièrement au Venezuela, et l'on connaît les désastres qui en ont suivis…

Autrement dit, arrêtons de sombrer dans la démagogie et reprenons nos esprits. Oui, nous vivons des crises dramatiques et historiques, qui sont certainement loin d'être terminées. Est-ce une raison pour arrêter de vivre et se confiner indéfiniment et/ou refuser de voir la réalité en face et de se retrousser les manches pour sauver notre « douce France » ? Bien au contraire.

C'est parce que les crises que nous traversons depuis plus de deux ans sont graves qu'elles appellent de notre part une grande réactivité et une forte combativité. Il faut nous responsabiliser pour comprendre que notre avenir est entre nos mains. Nous devons retrouver notre liberté de penser et donc de choisir. A mon humble niveau, c'est ce que je continuerai de faire coute que coute et c'est d'ailleurs une des principales raisons pour lesquelles j'ai écrit ce « RESET II ». Et tant pis pour les suiveurs qui, assurément, seront les grands perdants des dernières crises et de celles qui viendront.

La France et la plupart des pays de la Zone Euro grands perdants des dernières crises :

	Variation du PIB annuel réel en %		
	De 2019 à 2021	De 2007 à 2021	En 2022
France	-1,7	10,3	1,7
Allemagne	-2,2	13,1	1,5
Zone Euro	-1,5	8,6	1,9
Espagne	-6,2	0,9	2,7
Italie	-3,1	-6,6	1,9
Grèce	-1,4	-27,8	2,9
Royaume-Uni	-2,5	13,8	2,5
Belgique	0,2	15,8	1,8
Pays-Bas	0,8	14,5	1,8
Suisse	1,1	24,2	3,1
Etats-Unis	2,1	24,3	2,1
Irlande	19,8	94,1	5,1

Sources : Instituts statistiques nationaux, Calculs et Prévisions 2022 : ACDEFI

6.
L'échelle des valeurs est tombée.

En plus des drames sanitaires et humanitaires, des déboires économiques et des privations de nos libertés qu'elle a suscités de 2020 à 2022, la pandémie a aussi engendré des conséquences particulièrement dommageables et surtout durables sur les comportements humains et sur la bonne marche de nos sociétés.

La première peut apparaître salutaire dans la mesure où elle est relative à la prise de recul de nombreux citoyens du monde, soucieux désormais de « donner du sens » à leur vie.

En effet, lorsque cette dernière est en danger, certaines préoccupations qui paraissaient antérieurement déterminantes deviennent subalternes, voire farfelues. Ainsi, à travers la planète, de plus en plus d'êtres humains ont souhaité réfléchir à leur condition, quitter leur emploi, voire se mettre en marge de la société.

Ce phénomène a même donné lieu à une formule : « The Great Resignation », en français : la « Grande Démission ».

Aux Etats-Unis, quelques chiffrcs récents suffisent pour prendre la mesure de l'ampleur du phénomène : En 2021 (selon Willis Towers Watson's 2022 Global Benefits Attitudes Survey), près de 48 millions d'Américains ont quitté leur emploi en démissionnant. Du jamais vu ! Depuis le début 2022, plus de 4 millions de personnes quittent leur emploi chaque mois.

Encore plus grave, si une grande partie de ces salariés quittent leur poste pour en trouver un autre, mieux rémunéré et/ou moins pénible, d'autres quittent définitivement le marché du travail.

Toujours aux Etats-Unis, la Réserve Fédérale de Saint-Louis a même réalisé une étude pour quantifier ce mouvement. Selon elle, plus de 5 millions d'Américains ont tout simplement « disparu » du marché du travail.

Mais qui sont exactement ces démissionnaires ? Il s'agit surtout des jeunes et des plus âgés. Les premiers ont ainsi souvent repris leurs études ou ont décidé de spéculer sur les marchés financiers. Les seconds sont généralement partis… en pré-retraite. Toujours selon l'étude de la Réserve fédérale de Saint-Louis, ils sont ainsi plus de 3 millions à avoir anticipé leur départ en retraite.

Comment ont-ils fait pour prendre un tel risque ? Pour certains, les aides aux ménages sous forme de chèques ont pu leur donner un bol d'air. Pour d'autres, les performances de la bourse et des cryptomonnaies leur ont aussi permis de gonfler leur patrimoine.

De quoi motiver des démissions en masse dans les métiers de services mal payés, qui connaissent des taux de démission record : 6,8 % dans l'hôtellerie et l'alimentation ou encore dans le secteur du transport de marchandises. Par régions, c'est dans le sud et le Midwest que les taux de départ sont les plus élevés.

Mais ce phénomène ne s'est pas cantonné aux Etats-Unis, il a très vite traversé l'Atlantique. En France, les derniers chiffres de la Dares, le service de statistiques du ministère du Travail, sont impressionnants : selon elle, près de 470 000 personnes ont quitté leur CDI au premier trimestre 2022. Un niveau inédit, supérieur de 20,4 % à celui de fin 2019. Et selon une étude de la Confédération des petites et moyennes entreprises de juin 2022, 42 % des moins de 35 ans projettent de démissionner dans les 12 prochains mois.

Ces mouvements de masse ont donc logiquement suscité des pénuries de main-d'œuvre dans la quasi-totalité des secteurs d'activité. Bien sûr dans l'hôtellerie et la restauration, mais aussi dans la construction, l'équipement du logement et l'industrie au sens large, qui souffrait déjà de l'insuffisance de bras et de cerveaux à cause de la mauvaise orientation des formations scolaires et universitaires qui, depuis plusieurs décennies, ont sacrifié les emplois industriels.

Ces pénuries sont tellement prégnantes que de plus en plus d'entreprises françaises doivent refuser des commandes faute de main-d'œuvre pour pouvoir les réaliser. Incroyable, ou plutôt inadmissible, pour un pays qui comptent 3,2 millions de chômeurs de catégories A (c'est-à-dire des personnes n'ayant absolument pas travaillé, immédiatement disponibles et fournissant la preuve d'une recherche active d'emploi) et 6,2 millions de chômeurs toutes catégories confondues (toujours selon les chiffres très officielles de la Dares) !

Et c'est là que la pandémie de coronavirus, les confinements et les mesures qui ont été prises par les pouvoirs publics ont complètement cassé l'échelle des valeurs.

En effet, si le développement du télétravail et des aides en tous genres ont eu leur utilité en 2020, au début de la pandémie, leur utilisation excessive a tout simplement entaché la valeur travail. Subrepticement, le fait de « travailler » de chez soi, presque seul(e) dans son coin ou de ne pas travailler du tout et de toucher tout de même un revenu a commencé à faire oublier à certain(e)s que le salaire vient rémunérer un travail.

De même, de plus en plus de salarié(e)s ont oublié que le travail en équipe et en présentiel était une source exceptionnelle de création de valeurs et donc de revenus et de richesses.

Mais là aussi, l'échelle des valeurs a été cassée. En effet, la flambée aussi rapide qu'impressionnantes des cryptomonnaies et aussi de la valorisation des entreprises du numérique ou encore des « licornes » a complètement mis à mal le modèle d'une réussite progressive sur le long terme et à la force du poignet.

Dès lors, de plus en plus de citoyens, principalement de la jeune génération, mais pas seulement, ont pu croire qu'ils avaient découvert une nouvelle « martingale » : à quoi bon travailler des années, alors qu'en quelques mois, il est possible d'empocher ce que certains ne toucheront même pas en toute une vie ?!

Ce nouveau mode de vie basé sur le très court terme et un appât du gain irréfléchi a donc pu inciter certains à quitter le marché du travail pour se faire une place au soleil sans effort.

Seulement voilà, si certains ont pu en profiter pendant quelques mois, voire quelques années, la plupart ont mordu la poussière lors de l'effondrement de la valorisation des cryptomonnaies, de nombreuses valeurs du numérique et des « licornes ». Pour ceux qui l'auraient oublié, rappelons que ces dernières étaient valorisées au minimum 1 milliard de dollars, alors qu'elles n'avaient jamais réalisé un centime de profit et que, pour la très grande majorité d'entre elles, elles n'en réaliseront jamais.

Soulignons également que ces bulles ou plutôt ces aveuglements collectifs ont été rendus possibles par la profusion d'injection de liquidités de la part des banques centrales, que l'on appelle également « planches à billets ». Cette erreur stratégique a notamment permis de maintenir les taux d'intérêt des obligations d'Etat artificiellement bas, voire parfois négatifs, alors que les dettes publiques atteignaient des niveaux stratosphériques.

Une fois encore, ce règne de « l'argent gratuit », avec des taux d'intérêt négatifs a participé à casser l'échelle des valeurs, alimentant les bulles financières en tous genres et laissant croire au plus grand nombre que la valorisation d'entreprises en perte ou de « cryptomonnaies » n'avaient plus de limite.

Le drame est qu'en perdant ainsi le bon sens, de nombreux citoyens ont préféré quitter le marché du travail et spéculer plutôt que d'investir sur leur propre avenir.

Seulement voilà, toutes les « bonnes choses » ont une fin et il faut régulièrement remettre les pendules à l'heure. Ainsi, à présent que ces bulles ont explosé, il est clair que ceux qui pensaient en avoir fini avec le travail tombent de haut.

Pire, avec le retour de la forte inflation qui, comme nous le verrons bientôt, n'est pas née avec la guerre en Ukraine mais a justement commencé avec la flambée des dettes publiques et des « planches à billets » à travers le monde, les pays développés sont en train de retomber dans une grave récession.

Dès lors, après avoir été masqué par les bulles en tous genres et les pénuries de main-d'œuvre, le chômage va malheureusement repartir en forte hausse. Dans ce cadre, les salariés qui faisaient la « fine bouche » et entretenaient les enchères auprès d'entreprises en recherche désespérée d'une main-d'œuvre introuvable, risquent de déchanter.

Pour celles et ceux qui ont connu la bulle Internet et/ou celle des subprimes, ce phénomène n'est pas nouveau. Mais l'être humain oublie. Il oublie que les bulles sont toujours suivies par des krachs et des phases de reconnexion vers la réalité économique et le bon sens.

Il est vrai qu'en cassant l'échelle des valeurs, la pandémie ou plutôt la gestion économique qui en a été faite, a prolongé les bulles et l'emprise de l'irréel. N'a-t-on d'ailleurs pas réussi à vendre de simples « fichiers » informatiques des millions de dollars sur le Métavers ?

Sans l'aveuglement collectif né de la pandémie et les milliards d'euros et de dollars dilapidés en vain, tous ces excès n'auraient certainement pas été possibles.

Seulement voilà, par manque de discernement et par facilité, les dirigeants de la planète et une partie de l'Humanité les ont laissé s'imposer. Au grand dam de la rationalité économique mais aussi des générations à venir. Car, ne nous leurrons pas, au contraire de ce qu'ont voulu laisser croire certains, il va maintenant falloir payer les factures.

Et, comme si cela ne suffisait pas, la guerre en Ukraine est venue confronter le monde avec violence à la réalité qu'il a refusé de voir en face pendant des années.

Le chômage baisse et les pénuries de main-d'œuvre augmentent.

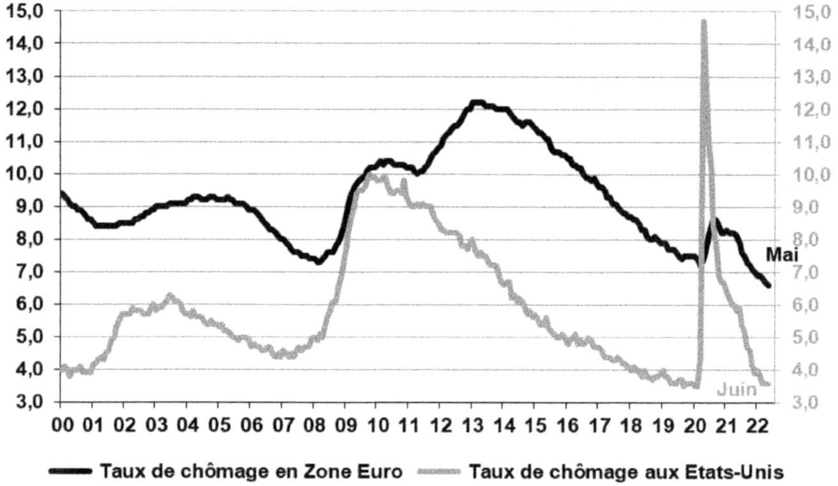

Sources : BLS, Eurostat, ACDEFI

Taux de chômage en France : de 7,3 % en catégorie A à 16,8 % toutes catégories confondues

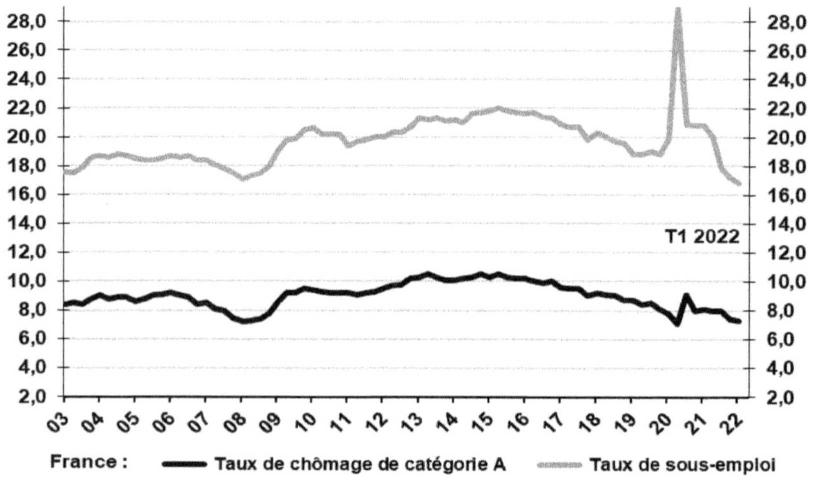

Sources : INSEE, Dares, ACDEFI

EPISODE III :

UN MONDE EN GUERRE…

7.
Guerre Russie-Ukraine : Le monde et la France en danger.

Une fois encore les spécialistes ont eu tort. En effet, alors que les « professionnels de la géopolitique » à travers le monde n'avait de cesse d'annoncer que la guerre entre la Russie et l'Ukraine n'aurait jamais lieu, puis qu'elle serait de courte durée, non seulement celle-ci s'est imposée mais surtout elle s'est intensifiée, engendrant une situation humanitaire de plus en plus dramatique. Dans le même temps, les impacts économiques et financiers se sont également aggravés, non seulement dans ces deux pays, mais aussi à l'échelle de la planète et plus particulièrement en Europe.

Tout a commencé avec l'explosion des cours des matières premières qui ont atteint des niveaux exceptionnellement élevés, entraînant de lourdes conséquences pour l'inflation, le pouvoir d'achat et la croissance des pays occidentaux pour 2022.

Quelques exemples suffisent à donner froid dans le dos : à peine dix jours après le début de la guerre, le cours du baril de brent avait déjà augmenté de 24 %, enregistrant une flambée de 505 % depuis ses plus bas d'avril 2020. En mars, il s'est même hissé à 130 dollars, du jamais vu depuis 2008. L'explosion des cours du gaz naturel en Europe est encore plus impressionnante : + 145 % en dix jours, + 210 % entre février et mars 2022 et + 6 000 % depuis le plus bas de mai 2020 (pour l'indice ICE des prix du gaz naturel en Europe).

Dans le même temps, en dépit d'une moindre tension comparativement aux deux cas précédents, 160 % entre mai 2020 et mars 2022, les cours de l'aluminium ont atteint un nouveau sommet historique, dépassant de plus de 15 % le précédent record de juillet 2008.

Mais il y a encore pire, car si les matières premières énergétiques et industrielles sont importantes, elles n'influent pas directement sur la faim dans le monde, ce qui est en revanche le cas du blé. Or, les cours de ce dernier ont explosé de 67 % en dix jours et de 200 % entre juin 2020 et mars 2022, dépassant même de 12 % leur précédent sommet historique de mars 2008.

A l'exception du gaz naturel, les cours de ces matières premières ont ensuite reculé, tout en restant néanmoins sur des niveaux très élevés.

Si ces tensions étaient évidemment en partie alimentées par une spéculation mondiale, elles provenaient initialement du boycott décidé par les pays occidentaux pour punir la Russie. Le problème est que les dirigeants de ces pays ont simplement oublié ou ont feint d'oublier que l'approvisionnement du monde en matières premières est très dépendant de la Russie.

En effet, cette dernière est le deuxième producteur mondial de gaz naturel (18 % de la production mondiale) et de pétrole (12,4 %), le troisième en matière d'aluminium, le quatrième d'électricité et le sixième pour le charbon.

Parallèlement, la Russie est aussi le premier exportateur de gaz naturel avec 22,6 % des exportations nettes mondiales, le premier exportateur de de blé depuis 2016, avec 10 % de la production mondiale et 20 % des exportations mondiales. Elle est également le deuxième exportateur de pétrole brut (13,2 %) et le troisième en matière de charbon (15,5 %).

Autrement dit, si les exportations de l'ensemble des matières premières russes s'arrêtent, leurs cours ne peuvent que flamber. Or, rappelons que lorsque le cours du baril augmente de 10 % sur une année, cela enlève 0,4 point à la croissance mondiale. Autrement dit, si le baril reste supérieur à 110 dollars jusqu'à la fin 2022, la croissance mondiale tombera à 1 %. S'il explose durablement à plus de 150 dollars, l'économie planétaire replongera inévitablement dans une récession dramatique.

Encore plus grave, si les cours des biens alimentaires continuent de grimper, la malnutrition, voire la famine, s'imposeront dans de nombreuses parties du monde émergent, générant des émeutes sociales qu'il sera très difficile de contrôler et qui pourront, à leur tour, aggraver la récession mondiale.

Bien entendu, les pays développés ont été et seront également affectés par la flambée des cours des matières premières. Tout d'abord, parce que cela aggrave les tensions inflationnistes, déjà très fortes, ce qui grève le pouvoir d'achat des ménages, casse la consommation, puis l'investissement des entreprises et enfin l'emploi.

Le drame est que, face à cette nouvelle stagflation, les autorités gouvernementales et monétaires resteront impuissantes dans la mesure où elles ont déjà utilisé toutes leurs cartouches pendant la pandémie : les taux d'intérêt monétaires étaient effectivement déjà à 0 % avant la guerre, les « planches à billets » ont été utilisées excessivement et les dettes publiques ont explosé plus que de raison, le tout ayant déjà alimenté les pressions inflationnistes, avant même la guerre russo-ukrainienne.

Elles se retrouvent donc prises à leur propre piège. Et ce, d'autant que la poursuite de la flambée inflationniste a obligé les banques centrales à resserrer leur politique monétaire. Plutôt que de soutenir l'activité, elles sont donc contraintes d'aggraver la récession. Et tout ça parce qu'elles ont refusé de voir la réalité en face et de réagir dès 2021 lorsque l'inflation commençait déjà à flamber.

En outre, plus spécifiquement pour notre « douce France », il ne faut pas oublier qu'au début 2022, près de 500 entreprises françaises étaient présentes en Russie et y employaient 160 000 salariés. Parmi elles, 35 entreprises du Cac 40 y étaient ou y sont encore implantées. Citons notamment le groupe Auchan (255 magasins Auchan, 61 Decathlon, 112 Leroy-Merlin), TotalEnergies (qui exploite notamment le gisement de gaz Yamal LNG en Sibérie), Renault (qui, avant de céder sa participation pour un rouble symbolique, contrôlait Avtovaz qui commercialise la marque Lada), Stellantis (ex Peugeot-Citroën), Engie, la Société Générale (qui possèdait Rosbank), Accor, Safran, Sanofi, Air Liquide, Saint-Gobain, EDF, Danone, Lactalis, Bonduelle, Pernod-Ricard…

En outre, la Russie est aussi une terre privilégiée des exportations de produits français, qui ont d'ailleurs atteint 6,5 milliards d'euros en 2021.

Il faut donc bien prendre conscience qu'une guerre durable entre la Russie et l'Ukraine a déjà coûté et coûtera encore cher à l'économie française. Elle pourrait même la faire replonger dans une récession durable, et, avec elle, l'ensemble de la Zone Euro.

Il est donc urgent de stopper cette guerre, non seulement pour la population ukrainienne, mais aussi pour celles de Russie, de l'Union Européenne, de la France et de l'ensemble de la planète. Comme disait Paul Valéry : « la guerre, c'est le massacre de gens qui ne se connaissent pas, au profit de gens qui se connaissent et ne se massacrent pas ».

Le pétrole flambe à 130 dollars le 7 mars 2022, puis se stabilise autour des 110 dollars.

Sources : CME, ACDEFI

Les cours du gaz européen explosent et ne veulent plus baisser...

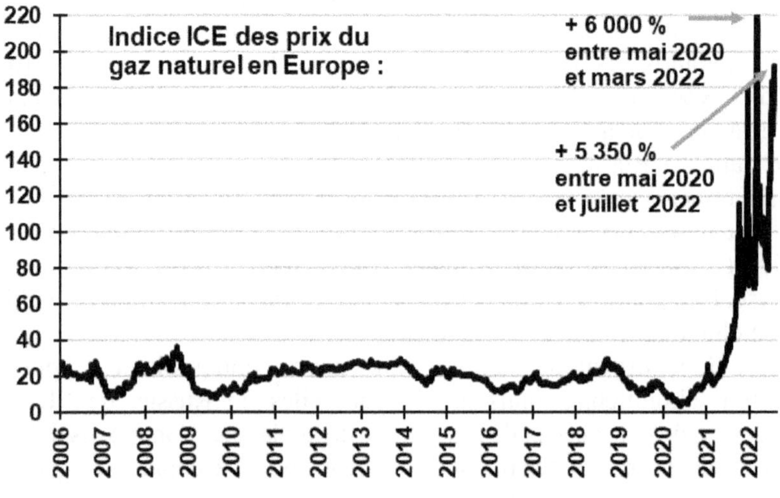

Sources : ICE, ACDEFI

8.
La Russie, grande gagnante de la guerre en Ukraine ?

S'il n'est évidemment pas possible de soutenir l'invasion de l'Ukraine par la Russie, il est tout aussi impossible d'avancer que cette dernière est la grande perdante économique de la guerre, comme le souhaitaient les Occidentaux. Certes, dans la mesure où l'Etat russe a décidé de rembourser sa dette en roubles, il s'est de facto déclaré en défaut. Ce qui s'est initialement traduit par une forte baisse du rouble et une forte augmentation des taux d'intérêt russes. Le taux d'intérêt à un an des obligations de l'Etat russe est ainsi passé de 8 % début janvier 2021 à 24,5 % au début du mois de mars.

Parallèlement, les agences de notations ont dégradé la note de la dette russe au niveau du défaut, voire de la faillite. Certes, depuis la crise des subprimes, au cours de laquelle elles se sont tristement illustrées en notant AAA des produits infectés par des dettes subprimes et qui finalement ne valaient rien, ces agences sont complètement décrédibilisées. Pour autant, comme d'habitude, elles sont parvenues à mettre de l'huile sur le feu, mais seulement temporairement.

Il faut dire qu'en matière de défaut souverain, la Russie n'en est pas à son premier essai. Son premier défaut remonte effectivement à 1918 et restera certainement l'un des plus grands hold-up d'Etat de l'Histoire contemporaine, notamment au détriment des épargnants français. Ainsi, de 1822 au début du XXème Siècle, l'Etat russe va faire de plus en plus appel à la France pour financer sa dette, émettant plusieurs emprunts à la seule destination des Français. En dépit d'un risque d'insolvabilité de plus en plus grand, la Russie va alors récolter près d'un tiers de l'épargne française pour financer sa dette. A l'époque, les campagnes de publicité des banques et des médias français sont plus qu'incitatifs : « Prêter à la Russie, c'est prêter à la France » lit-on un peu partout. On découvrira plus tard que les dirigeants russes versaient des commissions démentielles aux banques et à certains journaux pour faire la promotion de ce qui était présenté comme un emprunt garanti à 100 %.

Seulement voilà, les emprunts nouveaux ne servaient qu'à entretenir d'énormes dépenses de fonctionnement et à rembourser les intérêts des emprunts précédents. Un véritable système Madoff d'Etat. Ah, l'appât du gain…

La révolution russe éclata et ce qui devait arriver arriva : le 29 décembre 1917, les Bolchéviques répudient unilatéralement l'intégralité des dettes contractées par la Russie. Plus d'un million et demi de Français sont ainsi lésés et perdent souvent l'intégralité de leur épargne qu'ils avaient investie aveuglement dans des emprunts russes présentés comme « sûrs »…

90 ans plus tard, lors de l'été 1998 pour être précis, bis repetita : la dette publique russe dépasse les 130 % du PIB, les cours des matières premières sont au plus bas et la Russie ne peut rembourser ses échéances. Elle fait alors défaut, provoquant notamment la faillite du fonds d'investissement LTCM, qui suscita à l'époque une mini crise financière internationale.

Va-t-on alors assister à une nouvelle réplique en 2022 ? Certainement pas. En effet, à la différence de 1918 et 1998, le défaut russe n'est absolument pas justifié au regard des fondamentaux financiers récents de la Russie.

Tout d'abord, parce que sa dette publique est très faible : 18 % de son PIB en 2021 selon le FMI, ce qui est très différent d'un pays surendetté proche du défaut, comme cela était par exemple le cas lors de la dernière crise grecque avec une dette publique de la Grèce de 170 % du PIB et qui avoisine les 200 % depuis deux ans.

De même, l'inflation a certes augmenté en Russie, mais elle n'est pas non plus dramatique et a même commencé à baisser : 15,9 % en juin 2022, contre 17,8 % deux mois plus tôt. Parallèlement, le glissement annuel des prix à la production russes, indicateur avancé de l'inflation, est passé de 31,5 % en avril à 11,3 % en juin. Et ce, alors que son homologue dans la Zone Euro se maintient sur des sommets historiques supérieurs à 36 % !

Mais surtout, la Russie dispose actuellement de plusieurs « airbags » pour résister aux sanctions et à la crise. Tout d'abord, un excédent structurel de sa balance courante : + 95 milliards de dollars en 2021.

Encore plus fort : grâce à la flambée des cours des matières premières, les recettes financières russes ont atteint des niveaux records. En 2019, avec un baril à 64 dollars, le pétrole a ainsi rapporté 190 milliards de dollars à la Russie. À 100 dollars le baril en moyenne sur l'ensemble de l'année 2022 (ce qui est très probable), la recette monterait à 306 milliards de dollars, à 110 dollars, elle atteindrait 330 milliards de dollars.

Quant aux recettes des ventes de gaz fossile, elles ont déjà atteint un record de 62 milliards de dollars en 2021 et pourrait dépasser les 140 milliards de dollars en 2022.

D'ores et déjà, au premier trimestre 2022, selon les chiffres de la Banque centrale de Russie, l'excédent extérieur russe des biens et services a atteint 58,2 milliards de dollars, 2,5 fois de plus qu'au premier trimestre 2021. Enfin, au cours des 12 derniers mois, l'excédent de la balance courante russe a atteint 168,2 milliards de dollars, un record historique !

Autre avantage de poids : la Russie dispose de réserves de changes très confortables. Elles atteignent environ 600 milliards de dollars actuellement, ce qui place la Russie à la quatrième place mondiale, derrière la Chine (3 100 milliards de dollars), le Japon (1 300 milliards de dollars) et la Suisse (1 042 milliards de dollars), la France étant quinzième avec 226 milliards de dollars.

Et ce n'est pas tout, puisque les réserves d'or de la Russie avoisinent les 2 298,5 tonnes, soit environ 137 milliards d'euros. Enfin, pour couronner le tout, le fonds souverain russe dispose d'un actif d'environ 200 milliards de dollars.

Dans ce cadre, le défaut organisé de la Russie risque de coûter bien plus cher à ses créanciers internationaux, qui ne détiennent d'ailleurs que 23 % de la dette russe. Poutine pourrait ainsi présenter ce défaut comme une sanction pour les investisseurs étrangers.

C'est le syndrome de l'arroseur arrosé : alors que les sanctions contre la Russie devaient affaiblir drastiquement cette dernière, ce sont finalement les pays occidentaux qui en sont le plus affectés. Un peu comme le boycott du gaz qui devait initialement punir la Russie et qui est désormais présenté comme un châtiment des Russes à l'égard des pays européens.

Parallèlement, les sanctions à l'encontre de la Russie ont incité cette dernière à développer ses relations économiques et financières avec la Chine et l'Inde, qui ont notamment acheté en masse des matières premières russes, pour parfois les revendre à des pays tiers, notamment en Europe.

D'ailleurs, l'observation des derniers indicateurs avancés de la conjoncture, et notamment les indices des directeurs d'achat, montre que la

Russie est déjà sur le point de sortir de la récession, alors que les Etats-Unis et la Zone Euro sont en train d'y tomber.

Corroborant la résilience de l'économie russe, le taux d'intérêt à un an de la dette russe, qui était monté à 24,5 % en mars 2022, est revenu à 10 % depuis mai-juin 2022. Ce qui reste évidemment élevé, mais inférieur à l'inflation russe.

Encore plus impressionnant, le rouble s'est récemment fortement apprécié, notamment vis-à-vis de l'euro. Après une première phase de dépréciation, passant de 84 roubles pour un euro en janvier 2022 à 127 le 9 mars 2022, la devise russe s'est ensuite nettement reprise, revenant à environ 57 roubles pour un euro à partir de juin dernier, du jamais vu depuis 2015.

Comme pour la Chine avec la pandémie, la Russie risque donc de devenir une des grandes gagnantes de la crise qu'elle a suscitée en engageant une guerre en Ukraine. Et, comme d'habitude, le « dindon de la farce » risque, une fois encore d'être la Zone Euro… Quelle tristesse !

Il faut donc se rendre à l'évidence : la Russie est malheureusement très bien préparée à la guerre et aux sanctions économiques, ce qui n'est pas le cas des Occidentaux et en particulier des Européens. Il serait donc une grave erreur de surestimer les impacts des sanctions économiques sur la Russie et de sous-estimer ceux qui pèsent sur l'Europe. Une chose reste sûre : vivement que la guerre en Ukraine se termine !

La dette publique russe n'est que de 18 % du PIB.

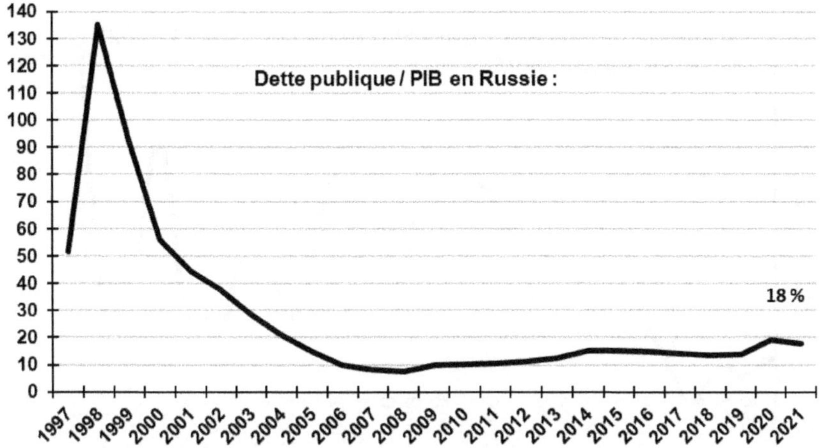

Sources : FMI, ACDEFI

Après avoir flambé à 24,5 %, le taux d'intérêt à 1 an de la dette russe repasse sous les 10 %.

Sources : Banque centrale de Russie, ACDEFI

L'excédent courant russe ne cesse de battre des records.

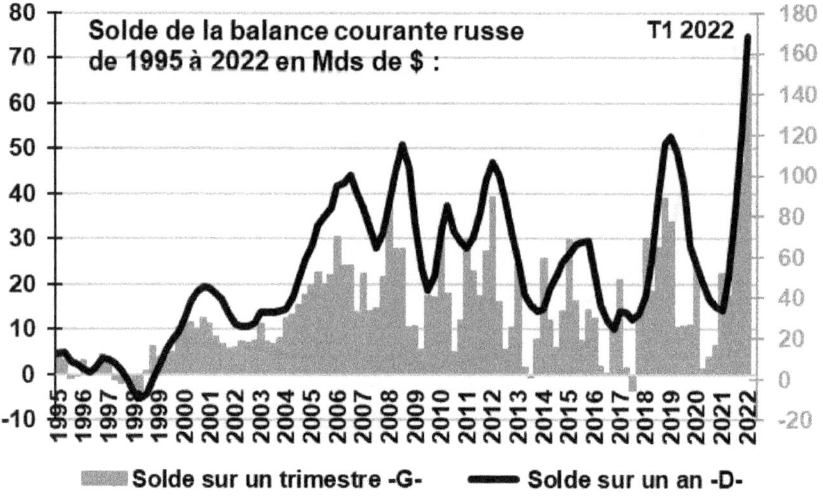

Sources : Banque centrale de Russie, ACDEFI

Le rouble n'a jamais été aussi fort face à l'euro depuis le début 2015.

Sources : Banque centrale de Russie, Prévisions ACDEFI

9.
Zone Euro : Le début de la fin ?

Il y a un peu plus de dix ans, le 8 mars 2012 précisément, je sortais mon troisième livre intitulé « Quand la Zone Euro explosera... ». Au titre évidemment provocateur, cet essai se voulait néanmoins optimiste, en montrant notamment comment il était encore possible de sauver la Zone Euro et notre « belle France » par la même occasion. Mais, malheureusement, une décennie plus tard, comme les dirigeants politiques et monétaires de l'UEM n'ont quasiment jamais été à la hauteur des enjeux, cette dernière est désormais vraiment au bord du gouffre. La nouvelle « descente aux enfers » de l'euro/dollar en est d'ailleurs le signe avant-coureur.

Certes, comme le disait le philosophe Friedrich Nietzsche : « Tout ce qui ne nous tue pas nous rend plus fort ». Dans ce cadre, il serait possible d'imaginer qu'après tous les chocs qu'elle a dû encaisser depuis sa création, il y a 23 ans, la Zone Euro serait désormais aguerrie et hors de danger. L'énumération de toutes les catastrophes traversées a d'ailleurs de quoi accréditer cette thèse : récession de 2000-2003, effondrement de l'euro/dollar sous les 0,85 en 2001, crise financière de 2008-2009, crise grecque de 2010-2012, élection à la tête de la Grèce en janvier 2015 d'Alexis Tsipras, qui avait notamment promis de faire exploser la Zone Euro, avènement d'un gouvernement europhobe à la tête de l'Italie en 2018 et bien sûr pandémie de Coronavirus en 2020, avec explosion des dettes publiques à la clé. Et, dans tous ces cas, le plus souvent après de nombreuses tergiversations politiciennes et ubuesques, le pire ne s'est pas produit et la Zone Euro n'a pas disparu.

Seulement voilà, à force de tirer sur la corde, elle finit souvent par casser. Ainsi, avec la crise du Covid-19, la dépression historique qu'elle a engendrée et la nouvelle flambée des dettes publiques qui en a découlé, la

BCE a décidé de continuer sa « fuite en avant », en fournissant encore plus de morphine sur les marchés des dettes publiques. Elle oublie néanmoins que si la morphine calme la douleur, elle ne guérit pas la maladie, en l'occurrence celle de l'excès de dette publique. Devant ce nouveau dérapage, la cour constitutionnelle de Karlsruhe a certes tiré la sonnette d'alarme dès l'été 2020, mais le clash a finalement été évité grâce à l'intervention d'Angela Merkel, qui, au total, aura sauvé l'UEM de l'explosion à quatre reprises.

Mais, dans ce dernier cas, l'ancienne Chancelière allemande a peut-être fait l'erreur de sa carrière. En effet, en laissant la BCE actionner sa « planche à billets » plus que de raison, elle a incité certains Etats à augmenter leur dette publique dans des proportions dramatiques, tout en alimentant une inflation qui ne cesse de battre des records.

Encore plus grave : en dépit du bon sens, la BCE s'est enferrée dans le déni. En effet, face à la crise inflationniste, la BCE aurait pu changer de stratégie dès la fin 2021 ou au plus tard début 2022, à l'instar de la Réserve fédérale américaine ou de la Banque d'Angleterre. Malheureusement, elle a, au contraire, décidé de continuer de se voiler la face, maintenant une politique monétaire excessivement accommodante.

Dans ce cadre, elle a continué d'inciter les Etats dispendieux à augmenter encore davantage leur dette publique. Parallèlement, elle a laissé filer l'inflation plutôt que de la contrecarrer au travers d'un ralentissement économique contrôlé. Pourtant, comme tout Banque centrale digne de ce nom, la BCE sait pertinemment que les phases de forte inflation se terminent toujours par une récession.

Dès lors, mieux vaut limiter rapidement l'inflation quitte à subir une petite récession plutôt que de laisser l'inflation flamber ce qui se traduira *in fine* par une récession dramatique.

La BCE et les dirigeants politiques de la Zone Euro ont donc choisi : ce sera la double peine : une forte inflation et une grave récession.

A cela se sont ajoutés deux autres fléaux, en l'occurrence la chute de l'euro et la réactivation de la crise existentielle de l'UEM. Or, si l'euro se déprécie, cela se traduit par une augmentation de l'inflation importée, donc une aggravation de l'inflation globale, ce qui cassera encore davantage le pouvoir d'achat des ménages, alimentera la récession, suscitant une nouvelle vague d'augmentation des déficits publics et de la dette, et plongeant la Zone Euro dans une spirale de stagflation (inflation élevée et stagnation économique) durable.

Face un tel amateurisme et à de tels dégâts, le Président de la Bundesbank, Joachim Nagel n'a pas hésité à dénoncer le manque de discernement de la Présidente de la BCE, laissant craindre une crise de gouvernance au sein de l'Institut d'émission. Celle-ci ne fait d'ailleurs que refléter une crise identique au niveau politique, puisque les dirigeants des pays de l'UEM divergent de plus en plus sur les mesures à prendre pour affronter les dangers stagflationnistes. Et, cette fois-ci, Madame Merkel ne sera pas là pour sauver la mise.

En outre, déjà très présent depuis une dizaine d'années, le sentiment europhobe s'est encore répandu et a gagné de plus en plus de pays et de citoyens. La raison de ce rejet est finalement assez simple : depuis des décennies, les dirigeants des pays européens, souvent par manque de courage, n'ont cessé de claironner que s'il fallait faire des efforts c'était « à cause de l'Europe ». Pourtant, s'il faut assainir les dépenses publiques et les rendre plus fécondes en croissance, ce n'est pas pour l'Europe mais pour nos enfants. Conséquence logique de cette erreur stratégique et historique : la construction européenne est devenue le bouc émissaire idéal et a stigmatisé toutes les rancœurs, voire les haines.

Autrement dit, non seulement l'Europe n'est pas devenue la terre de croissance forte et d'emploi soutenu attendue mais, en plus, dans l'inconscient collectif, elle est désormais perçue comme la mère de toutes les rigidités et de toutes les inefficacités. Il faut donc être clair : sauf si une prise de conscience miraculeuse se produit, notamment en Italie, en France et en Allemagne, afin d'engager la Zone Euro vers une harmonisation des conditions fiscales et réglementaires, avec un budget fédéral efficace mais aussi moins de rigidités structurelles, l'UEM telle que nous la connaissons aujourd'hui aura disparu d'ici la fin 2023.

Cela ne signifiera d'ailleurs peut-être pas la fin de l'euro, mais l'avènement d'une zone monétaire plus restreinte, avec une vraie intégration, une véritable union fédérale, des règles strictes et une entraide à toute épreuve. C'était justement le but du traité de Maastricht de 1992. Dommage que les dirigeants européens ne le comprennent qu'aujourd'hui, 30 ans plus tard…

Autrement dit, oui, la chute de l'euro qui n'en finit plus pourrait bien constituer le signe avant-coureur du début de la fin de l'Union Economique et Monétaire telle que nous la connaissons actuellement. Face à ce danger extrême mais justifié, certains économistes, politiciens ou observateurs de la « chose économique » n'hésitent pas à botter en touche en soulignant que cette éventualité n'a aucun sens. La fin de la Zone Euro ? Le retour au franc ? « Impossible » disent-ils avec l'aplomb des technocrates qui dissertent sur l'avenir économique sans n'avoir jamais été sur le terrain. Ces donneurs de leçons ont clairement tort.

Oui, il faut être honnête : même si nous ne le souhaitons pas, l'explosion de la Zone Euro et le retour au franc sont possibles. Compte tenu de la crise que traverse actuellement l'UEM, la probabilité de ce triste scénario s'accroît même de jour en jour. S'obstiner à vouloir faire croire le contraire est contre-productif. Cela ne fera qu'aviver les tensions sociales au sein des différents pays. A l'évidence, si nous voulons sauver la Zone Euro, cette stratégie du dénigrement doit être abandonnée. En fait, il serait beaucoup plus opportun d'accepter ce cas de figure extrême et de réfléchir aux conséquences désastreuses qu'il pourrait entraîner, de manière à comprendre par là même que la fin de la Zone Euro ne sera pas une sinécure.

Tout d'abord, rappelons que la décision de sortir de la Zone Euro sera forcément du ressort des dirigeants politiques nationaux. En effet, il n'existe aucun mécanisme européen pour exclure des pays de l'UEM. L'abandon de l'euro sera donc forcément un choix souverain, si par exemple les dirigeants d'un pays estiment que les sacrifices requis pour rester dans l'UEM sont trop nombreux et impossibles à supporter. Dès lors, le pays en question pourra mettre en place la stratégie « d'opting out », comme l'ont fait les Anglais ou les Suédois avant la création de l'UEM.

Une fois cette décision prise, ils devront alors choisir un taux de conversion entre l'euro et leur nouvelle devise, qui sera certainement celle qui prévalait avant la monnaie unique. Cette transition prendra évidemment du temps. D'abord pour adapter les systèmes de comptabilité bancaire et ensuite pour émettre les nouveaux billets. Souvenons-nous que la mise aux normes des systèmes informatiques des banques lors du passage à l'euro en 1999 a pris environ deux ans. Quant aux pièces et billets, ils ne sont arrivés dans les mains des citoyens que trois ans plus tard. Inutile de dire que le chemin inverse constituera un vrai capharnaüm, avec toutes les confusions, les erreurs et les valses des étiquettes que cela engendrera.

Mais ceci n'est presque rien comparativement à ce qui va suivre. Car, si un pays sort de la Zone Euro, il ne bénéficiera plus de la « protection » de cette dernière, notamment en matière d'évolution des taux d'intérêt des obligations d'Etat. Rappelons ainsi qu'en mars 2012, lorsque la Grèce était sur le point de quitter l'UEM, le taux d'intérêt à dix ans des obligations de l'Etat grec avoisinait les 40 % et que celui à deux ans montait à 377 %, précisément le 7 mars 2012.

Plus récemment, compte tenu de l'explosion de la dette publique en Italie et en Grèce, le taux d'intérêt des obligations à dix ans est passé d'environ 0,5 % en août 2021 à respectivement 4,2 % et 4,7 % mi-juin 2022 ! Si ces taux ont certes légèrement reculé depuis dans le sillage des déclarations de la BCE, ils sont restés élevés, oscillant entre 3,2 % et 3,5 %.

Mais cette déconfiture assurée n'est pas l'apanage de la Grèce ou de l'Italie. Ainsi, si la France sortait de l'UEM, les taux d'intérêt auxquels elle emprunte flamberaient également, pour atteindre certainement 7 % pour le taux à dix ans et peut-être même plus. Au-delà de l'aggravation du déficit et de la dette que cela engendrerait, cette tension dramatique susciterait un écroulement de l'investissement et de la consommation, puis une récession, qui, à son tour, se traduirait par une nouvelle augmentation du déficit public, donc une hausse des taux d'intérêt et le cercle pernicieux continuerait.

Pour tenter de stopper l'hémorragie, le gouvernement n'aurait alors d'autre choix que de rétablir le contrôle des changes et d'augmenter drastiquement les droits de douanes. Autrement dit, les Français ne pourraient plus sortir leurs deniers de l'Hexagone sans autorisation de la Banque de France. « Peu importe » diront certains, puisque cela permettrait de taxer les patrimoines au maximum sans possibilité d'échappatoire. De plus, la Banque de France pourrait également activer la « planche à billets » et monétiser la dette publique. Le problème de ce scénario est que la crédibilité de la France en sortirait particulièrement amoindrie sur la scène internationale.

De plus, en créant de la monnaie ex-nihilo, c'est-à-dire sans création de richesse correspondante, l'inflation, qui est déjà très forte, flamberait durablement au-delà des 10 %, ce qui grèverait encore le peu de pouvoir d'achat des Français et aggraverait la récession.

Quant à la taxation excessive des patrimoines et des entreprises, elle se traduirait par un nouvel écroulement de l'investissement et de la consommation, donc par une exacerbation de la récession, avec toutes les conséquences sociales dramatiques que cela engendrerait. Déjà « à fleur de peau », les populations défavorisées deviendraient incontrôlables, ce qui finirait par provoquer des émeutes, voire une guerre civile.

En conclusion, si la sortie de la Zone Euro est tout à fait possible, il faut savoir qu'elle engendrera une crise financière type 2008 mais puissance 20, avec une flambée des taux d'intérêt et un effondrement des marchés boursiers à la clé, sans oublier une récession dans les pays de l'UEM, puis au niveau mondial, et, enfin, une crise sociale sans précédent, mais aussi des guerres civiles, voire un conflit militaire. Bref, l'Europe et le monde s'engageraient dans un « trou noir ».

Quant à la France, elle pâtirait de six handicaps majeurs : une croissance structurelle moribonde (0,9 % par an dans le meilleur des cas), des coûts organisationnels pléthoriques pour remplacer l'euro par le franc, un dérapage des comptes publics, une « planche à billets » de la Banque de France inefficace et créatrice d'hyper-inflation, un krach obligataire dramatique pour l'Etat, les entreprises et les ménages, sans oublier une crise politique sans précédent. Et donc, au final, une récession durable, un chômage en augmentation et un délitement de la société française. Nous sommes prévenus…

La Zone Euro replonge en récession

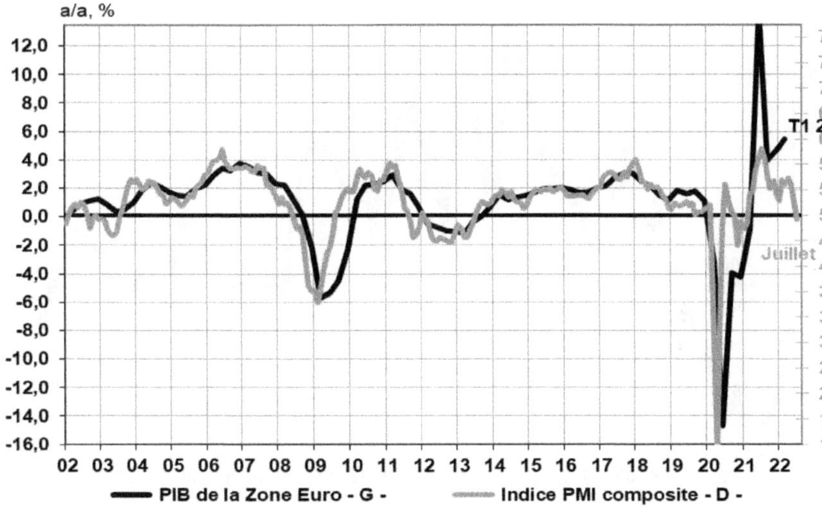

Sources : Eurostat, S&P Global, ACDEFI

La confiance des ménages au plus bas depuis la récession de 2009.

Sources : Eurostat, ACDEFI

L'euro au plus bas depuis décembre 2002.

Sources : BCE, ACDEFI

L'Italie au bord du gouffre.

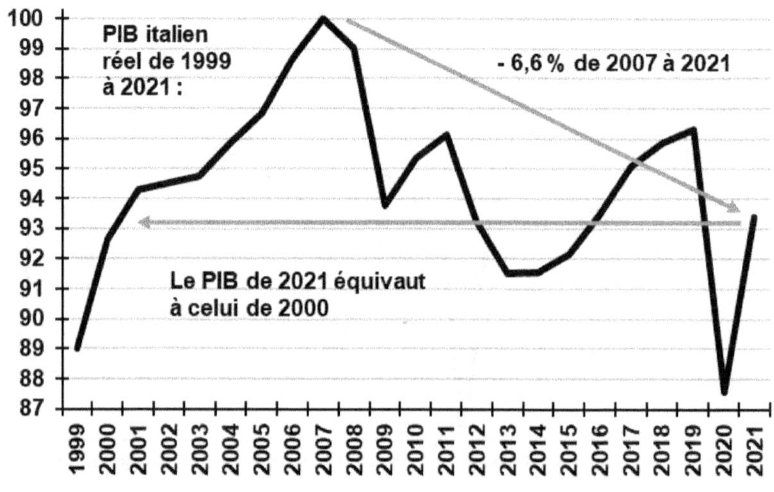

Sources : Eurostat, ACDEFI

EPISODE IV :

LE RETOUR DE LA STAGFLATION

10.
Pourquoi l'inflation est si forte ?

Au contraire des prévisions consensuelles qui voulaient laisser croire qu'elle avait définitivement disparu, l'inflation est bien de retour. Et dans des proportions oubliées depuis le début des années 1980.

Dire qu'il y a encore quelques mois, la très grande majorité des économistes à travers le monde, mais aussi, les gouvernements et les banquiers centraux, en particulier aux Etats-Unis et dans la Zone Euro, soutenaient que l'inflation ne serait que transitoire et qu'il ne fallait pas s'inquiéter.

Quel déni de réalité et surtout quel manque de discernement !

En ce qui me concerne, dès le début 2021, je lançais l'alerte et annonçait que l'inflation allait fortement augmenter. Mais, attention, je ne suis pas devin et n'ai pas de boule de cristal. Si j'ai réalisé cette prévision dès 2021, ce n'est pas par magie, mais simplement sur la base des fondamentaux économiques.

En effet, le retour de la forte inflation était largement prévisible compte tenu de l'explosion des dettes publiques et des « planches à billets » à travers la planète. Certes, en 2020, il y avait le feu, la récession s'installait et la déflation régnait. Il était donc alors normal de relancer la machine en augmentant la dette publique et en menant une politique monétaire ultra-accommodante.

Le problème est qu'en 2021, alors que la récession et la déflation disparaissaient, les autorités monétaires et budgétaires de la planète n'ont pas souhaité arrêter leur politique ultragénéreuse. Bien au contraire, cette dernière a continué de s'imposer, suscitant une forte hausse de la demande, alors que l'offre, c'est-à-dire la production, n'était pas en mesure de suivre.

Nous nous trouvions alors face à l'une des rares règles économiques toujours vérifiées : lorsque la demande est durablement supérieure à l'offre, les prix augmentent.

Il ne fallait pas être grand clerc pour le comprendre ! Et les banquiers centraux et les dirigeants politiques le savaient très bien. Par manque de courage et/ou par facilité, ils ont simplement choisi le déni de réalité et la poursuite de leur politique excessivement laxiste.

Parallèlement, dès la mi-2021, la flambée des prix à la production, c'est-à-dire ceux que paient les entreprises et qui sont des indicateurs avancés des prix à la consommation, confirmait que ces derniers allaient rapidement se tendre massivement.

Mais là aussi, le déni de réalité l'a encore emporté !

Dès l'automne 2021, et donc bien avant la guerre en Ukraine, les glissements annuels des prix à la consommation flambaient un peu partout et atteignaient des niveaux jamais vus depuis le début des années 1980, et notamment 7 % aux Etats-Unis, 6,6 % en Espagne, 5,3 % en Allemagne et 5,0 % pour l'ensemble de la Zone Euro.

Autrement dit, soutenir que l'augmentation de l'inflation est due à la guerre en Ukraine est tout simplement un mensonge.

A ce sujet, n'oublions pas que l'inflation liée aux gabegies monétaires internationales n'a en fait jamais disparu. Certes, elle ne transparaissait pas dans les prix à la consommation, mais résidait dans les prix des actifs boursiers, obligataires et immobiliers. Autrement dit, jusqu'à la mi-2021, l'inflation traditionnelle a été masquée par des bulles financières de plus en plus extravagantes.

Tel n'est plus le cas depuis, puisque l'inflation s'est généralisée : elle est toujours en partie présente dans les prix des actifs financiers mais l'est également dans les prix à la consommation, que l'on pourrait donc qualifier d'inflation « officielle » ou « visible ».

Et c'est là que les difficultés commencent. Car l'inflation c'est un peu comme le cholestérol, il y a la bonne et la mauvaise. La bonne inflation est celle qui est supportable, car directement liée à la bonne santé d'une économie. Si la croissance est forte, que le chômage est faible, que les salaires augmentent, la consommation croit alors fortement, ce qui génère une situation d'excès de demande par rapport à l'offre et par là même, une augmentation logique des prix. Cette inflation est même salutaire puisqu'elle permet aux entreprises d'améliorer leurs marges, d'augmenter les salaires, tout en incitant les consommateurs à ne pas différer leurs dépenses. Un cercle vertueux « investissement-emploi-consommation-inflation » s'installe alors pour le grand bien du plus grand nombre.

A l'inverse, il existe aussi une mauvaise inflation qui n'est pas due à une demande dynamique mais qui est principalement suscitée par des facteurs exogènes et notamment l'excès de liquidités improductives et la hausse des cours des matières premières. Dès lors, si les prix augmentent alors que l'emploi et les salaires ne suivent pas, les ménages subissent une forte baisse de leur pouvoir d'achat, ce qui casse la consommation, puis l'investissement des entreprises, suscitant *in fine* une spirale pernicieuse de stagflation, comme celle que le monde a connu lors des chocs pétroliers de 1973 et 1979-80 ou encore plus dernièrement en 2008, mais sur seulement quelques mois.

Malheureusement, c'est bien ce deuxième type d'inflation dangereuse qui s'est installée depuis 2021, en particulier en France et dans de nombreux pays de la Zone Euro.

C'est sur cette base déjà incandescente que la guerre en Ukraine est venue embraser la spirale inflationniste. En effet, comme nous l'avons expliqué précédemment, la dépendance du monde à l'égard des matières premières russes a été fatale pour les pays occidentaux.

Déjà en forte pénurie, les matières premières ont alors vu leur cours flamber de façon exponentielle et inconnue depuis 2008.

Et pour cause : entre leur plancher du printemps 2020 et les sommets du printemps 2022, ces derniers ont tout simplement explosé : + 330 % pour le baril de brent et + 204 % pour l'indice CRB de l'ensemble des matières premières. Le cours du blé a également augmenté de 200 % et a même dépassé ses précédents sommets historiques de 2008. Autre exemple, l'indice Harpex du taux de fret maritime pour les porte-conteneurs a explosé de 220 % entre le printemps 2020 et mars 2022.

Certes, depuis quelques mois, les cours des matières premières sont repartis à la baisse, à l'exception notable du gaz. Ils demeurent cependant toujours très élevés et montrent que l'inflation va rester forte au moins jusqu'à la fin 2022.

Bien entendu, les pays qui ont déjà retrouvé le chemin de la croissance durablement soutenue (tels que la Chine, l'Inde, voire dans une moindre mesure, les Etats-Unis) pourront affronter ce choc inflationniste sans trop de difficultés. En revanche, pour ceux qui restent coincés dans la croissance molle, et *a fortiori* dans la récession, tels que la France et l'ensemble des pays de la Zone Euro, la résurgence de l'inflation sera bien plus difficile à supporter.

Encore plus grave, l'aggravation de l'inflation a aussi suscité une augmentation des taux d'intérêt des dettes publiques et des crédits dans tous les domaines : consommation, immobilier, investissement des entreprises...

Dans ce cadre, les châteaux de cartes du « quoi qu'il en coûte » et des bulles financières en tout genre qui reposent justement sur la faiblesse des taux d'intérêt des obligations d'Etat n'ont pas tardé à s'effondrer avec pertes et fracas.

Ne l'oublions pas : si l'inflation dépasse durablement les 5 % (comme nous l'anticipons), les taux d'intérêt des obligations d'Etat vont encore augmenter d'au moins 2,5 points. Ce qui s'apparentera à un nouveau krach obligataire. Dans ce cadre, les taux d'intérêt des crédits se tendront d'au moins 3,5 points. Ce qui affaiblira l'activité économique, dégonflera la bulle immobilière (en particulier en France), accroîtra le chômage, les déficits et la dette, et donc relancera encore à la hausse les taux d'intérêt des obligations d'Etat…

A force d'avoir voulu laisser filer l'inflation, les autorités publiques et monétaires de la planète ont donc plongé cette dernière, et en particulier les pays de la Zone Euro, dans une spirale inflationniste particulièrement dangereuse, voire incontrôlable.

Déjà dramatique en 2021, l'inflation a continué d'exploser en 2022.

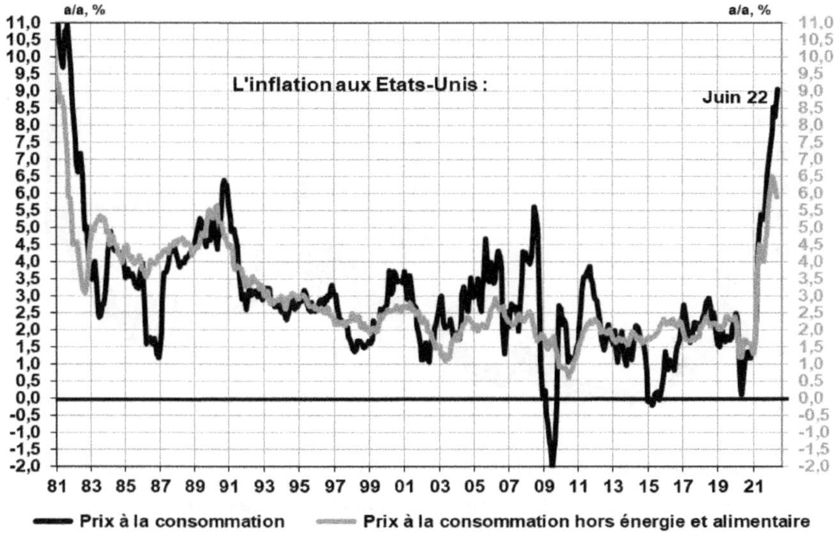

Sources : BLS, ACDEFI

L'inflation dans la Zone Euro sur des sommets historiques.

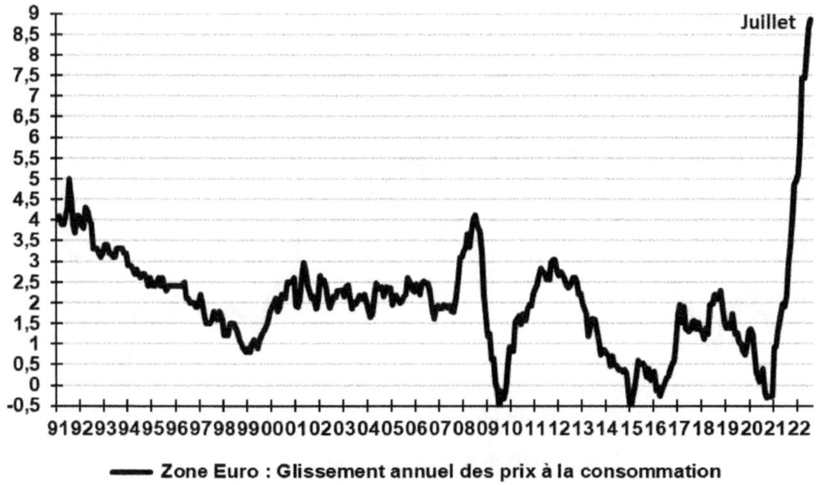

Sources : Eurostat, ACDEFI

Les cours du blé explosent, puis se calment, tout en restant élevés.

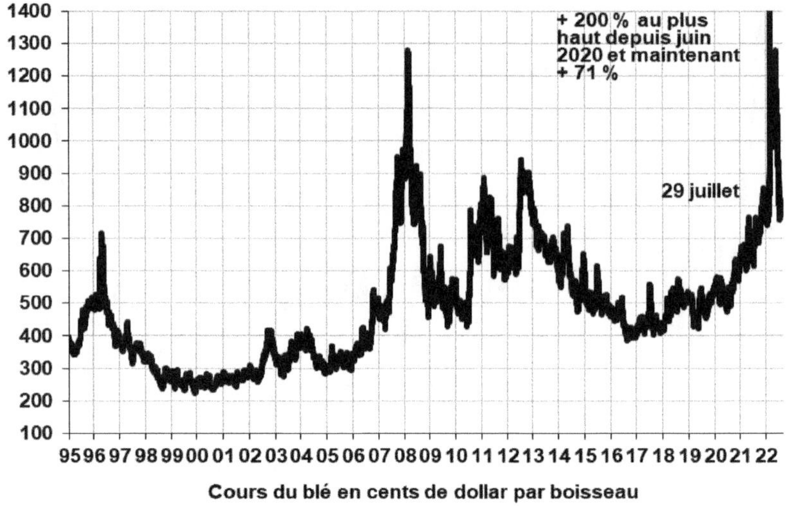

Sources : CME, ACDEFI

L'indice CRB de toutes les matières premières toujours très cher.

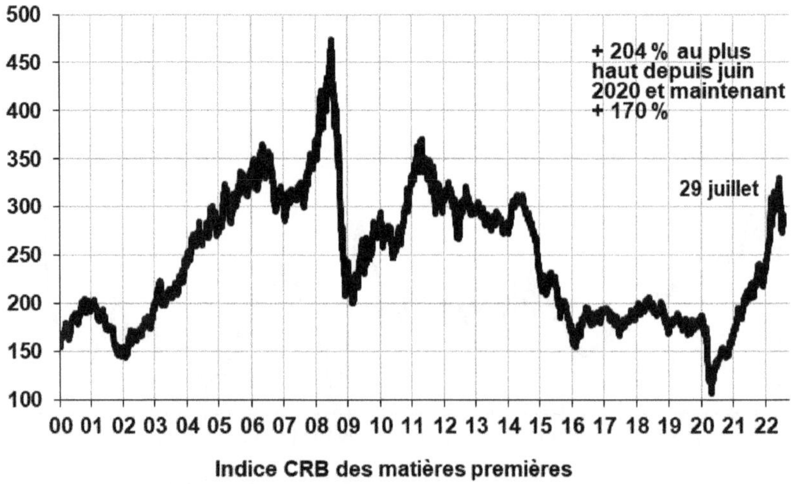

Sources : CRB, ACDEFI

11.
La stagflation est devenue incontrôlable.

C'est triste à écrire, mais plus les semaines passent, plus la stagflation s'aggrave et devient par là même de plus en plus inquiétante. En particulier aux Etats-Unis et dans les pays de la Zone Euro. Pour rappel, cette situation signifie que nos économies sont affectées par deux maux *a priori* contradictoires, en l'occurrence une stagnation ou une récession économique, doublée d'une flambée inflationniste.

En théorie, il est vrai qu'une récession est normalement antinomique avec une forte inflation. En effet, cette dernière est liée à un excès de demande par rapport à l'offre, ce qui est exactement l'inverse dans une phase de récession, liée généralement à la baisse de la demande, c'est-à-dire de la consommation et/ou de l'investissement.

Depuis la deuxième partie des années 1980, il faut d'ailleurs reconnaître qu'une telle situation n'a jamais été observée, du moins de façon durable et dans les proportions actuelles.

C'est en cela que la stagflation qui s'impose aujourd'hui est dangereuse. Car, toute notre génération et, bien entendu, les dirigeants actuellement au pouvoir à travers le monde n'ont jamais eu à traiter ce type de crise. C'est d'ailleurs en partie la raison pour laquelle les banques centrales ont nié cette dernière jusqu'à récemment, en nous faisant croire que l'inflation serait limitée et temporaire. Quel manque de vista dramatique !

Seulement voilà, les faits sont là : l'observation récente et les perspectives d'évolution du couple inflation-croissance aux Etats-Unis, dans la Zone Euro et dans les différents pays qui composent cette dernière sont extrêmement inquiétantes.

Tout d'abord, tous les indicateurs avancés le montrent : les Etats-Unis et la Zone Euro sont en train de replonger en récession.

En effet, après avoir déjà baissé de 0,4 % au premier trimestre 2022, le PIB américain a encore reculé de 0,2 % au deuxième trimestre (soit des variations en rythme annualisé de respectivement - 1,6 % et - 0,9 %). Son glissement annuel est ainsi tombé à + 1,6 %, un plus bas depuis le premier trimestre 2021.

S'il n'y a pas encore péril en la demeure, la forte baisse des indices S&P Global des directeurs d'achat américains en juillet appelle néanmoins à la vigilance. En effet, ces indicateurs avancés de l'activité ont continué de baisser, tombant à 52,3 dans l'industrie et surtout à 47,0 dans les services et 47,5 pour l'ensemble des secteurs, c'est-à-dire en zone de récession.

Des évolutions qui montrent que le PIB américain pourrait bien subir un troisième trimestre consécutif de baisse.

Dans la Zone Euro la situation est tout aussi catastrophique. Certes, les statistiques de variation trimestrielle du PIB du deuxième trimestre 2022 ont surpris par leur résistance : + 0,0 % en Allemagne, + 0,5 % en France, + 0,7 % pour l'ensemble de l'UEM, + 1,0 % en Italie ou encore + 1,1 % en Espagne.

Cependant, au regard des indicateurs avancés de l'activité, ces chiffres sont loin d'être extrapolables et devraient même laisser place à de fortes baisses au cours des deux trimestres suivants.

Ainsi, dans l'ensemble de la Zone Euro, l'indice de sentiment économique est tombé sous sa moyenne de long terme en juillet, à précisément 99,0, un plus bas depuis février 2021.

De même, que ce soit l'effondrement de l'indice Sentix de confiance des investisseurs, la chute de l'indice ZEW de sentiment économique dans la Zone Euro ou encore les indices S&P Global des directeurs d'achat, tous nous indiquent des lendemains difficiles pour l'activité économique.

L'indice S&P « industrie » de la Zone Euro a ainsi dégringolé de 52,1 en juin à 49,6 en juillet, soit un effondrement de 9,1 points depuis le début 2022. Avec un tel niveau, il tombe désormais sur un plancher depuis juin 2020, c'est-à-dire lors de la récession engendrée par le premier confinement du printemps 2020.

Dans les services, l'indice S&P Global des directeurs d'achat est passé de 57,7 en avril dernier à 53,0 en juin et 50,6 en juillet, un plancher depuis mars 2021.

Encore plus inquiétant, l'indice S&P Global « composite », c'est-à-dire relatif à tous les secteurs d'activité est également passé en zone rouge en juillet à 49,4, un plus bas depuis février 2021. Dans ce cadre, il est d'ores et déjà acquis que le glissement annuel du PIB de l'UEM va repasser en territoire négatif d'ici le troisième trimestre 2022.

Pour ne rien arranger, l'indice de confiance des ménages de la Zone Euro a continué de s'effondrer en juillet, atteignant même un plancher depuis mai 2009, c'est-à-dire lors de la récession de 2008-2009. C'est dire ce qui attend l'UEM, ses entreprises et ses citoyens au cours des prochains trimestres...

Outre-Rhin, les « heures sombres » sont aussi de retour. En effet, les indicateurs S&P Global des directeurs d'achat sont tous passés sous la barre des 50 (c'est-à-dire, pour rappel, en zone de récession) : 49,2 dans l'industrie et dans les services et 48,0 pour l'ensemble des secteurs. Il s'agit de planchers depuis décembre 2021 pour les services et depuis juin 2020 tant pour l'industrie que pour l'ensemble des secteurs.

Encore plus grave, l'indice IFO des perspectives d'activité a atteint en juillet un plancher depuis avril 2020 et le premier confinement.

Après l'effondrement de l'indice ZEW de sentiment économique en Allemagne de juillet, ces nouvelles déconvenues confirment que l'Allemagne a bien déjà replongé dans la récession.

Si l'on en croit ces indicateurs avancés, le glissement annuel du PIB allemand pourrait ainsi rapidement tomber vers les - 3 %.

En France, la situation est un peu moins dramatique, mais elle se rapproche de plus en plus de celle de l'Allemagne.

Certes, après avoir baissé de 0,2 % au premier trimestre 2022, le PIB français a miraculeusement rebondi de 0,5 % au deuxième trimestre. A croire que David Copperfield et Gérard Majax ont été embauchés par l'INSEE pour mesurer l'évolution du PIB.

Pour autant, les indicateurs avancés de l'activité française montrent qu'une forte correction devrait se produire sur l'ensemble du second semestre 2022.

Ainsi, les indices S&P Global des directeurs d'achat français ont également fortement régressé en juillet. Dans l'industrie, l'indice correspondant est même tombé sous la barre des 50, à 49,2 précisément, un plus bas depuis novembre 2020.

Dans les services, le pire a été évité, vraisemblablement grâce à l'activité touristique, mais avec un niveau de 52,1, l'indice S&P Global atteint un plus bas depuis avril 2021.

Quant à l'indice « composite » des directeurs d'achat, il est tombé à 50,6 en juillet, un plancher depuis mars 2021 qui annonce que le glissement annuel français va fortement baisser au cours des prochains trimestres.

Une perspective qui est également corroborée par la nouvelle baisse de l'indice INSEE du climat des affaires en juillet.

Une dégradation qui s'explique notamment par le fort repli de l'indice INSEE du climat des affaires dans le commerce de détail. Une chute qui montre notamment que la consommation des ménages va encore souffrir au cours des prochains trimestres. Comme en témoigne d'ailleurs la nouvelle régression de l'indice INSEE de confiance des ménages qui se situe quasiment sur son plancher historique de juin 2013.

A côté de cette rechute en récession pour les Etats-Unis, la France, l'Allemagne et l'ensemble de la Zone Euro, les dernières statistiques d'inflation font également froid dans le dos.

Ainsi, outre-Atlantique et alors qu'une légère baisse corrective était attendue, l'inflation a continué de s'aggraver.

En juin 2022, après avoir déjà augmenté de 1 % sur le seul mois de mai, l'indice des prix à la consommation y a encore progressé de 1,3 % sur un mois. De 8,6 % en mai, son glissement annuel atteint désormais 9,1 %, un sommet depuis novembre 1981.

Certes, hors énergie et produits alimentaires, l'inflation américaine a légèrement reculé à 5,9 % en juin, contre 6,0 % en mai et un précédent plus haut de 6,5 % en mars 2022. Pour autant, même à 5,9 %, elle demeure sur des plus hauts oubliés depuis l'été 1982.

En outre, les indicateurs avancés des prix à la consommation, en l'occurrence les prix à la production ont encore fortement augmenté en juin outre-Atlantique : + 1,1 %, après déjà + 0,9 % en mai. Après une légère baisse corrective en avril-mai à 10,9 %, leur glissement annuel est ainsi reparti à la hausse, atteignant 11,3 %, un plus haut depuis janvier 1981.

Hors énergie et produits alimentaires, le glissement annuel des prix à la production recule légèrement mais reste élevé à 8,3 %, soit toujours des sommets depuis juin 1981. Autrement dit, même hors énergie et produits alimentaires, l'inflation américaine est et va encore rester élevée au moins jusqu'au début 2023.

Dans la Zone Euro, la situation inflationniste est tout aussi inquiétante. Le glissement annuel des prix à la consommation a ainsi encore augmenté en juillet, atteignant un nouveau record historique de 8,9 %. Et, dans la mesure où les prix à la production continuent de se tendre sur des niveaux également historiques et supérieurs à 36 %, il est malheureusement clair que l'inflation va encore augmenter au cours des prochains mois.

En données européennes harmonisées, l'inflation a aussi continué de se tendre en juillet dans l'écrasante majorité des pays de l'UEM pour atteindre des niveaux impressionnants : 8,4 % en Italie, 8,5 % en Allemagne, 10,8 % en Espagne, 11 6 % aux Pays Bas, la palme de l'inflation eurolandaise étant détenue par l'Estonie, avec une inflation de 22,7 % en juillet.

En France, en dépit des aides et subterfuges divers et variés, l'inflation a également continué d'augmenter en juillet. Elle atteint désormais 6,1 % aux normes INSEE, du jamais vu depuis juin 1985.

Aux normes européennes harmonisées, l'inflation française est encore plus élevée, à 6,8 % précisément. Et, compte tenu du maintien du glissement annuel des prix à la production à 25 % en juin, il est malheureusement clair que l'inflation française va encore augmenter au cours des prochains mois.

Cette inflation est d'autant plus dangereuse qu'elle est très inégalitaire, dans la mesure où elle concerne surtout les biens alimentaires et énergétiques qui représentent une part importante du budget des ménages les plus modestes.

Pour ne rien arranger, la déprécation passée et à venir de l'euro a aggravé l'inflation importée. De 1,22 au printemps 2021, l'euro est ainsi tombé à 1,0 dollar courant juillet. Ce qui jouera à la hausse sur les prix des produits importés et par là même sur l'inflation globale.

De quoi rappeler que la crise actuelle affecte et affectera bien plus la Zone Euro que les Etats-Unis, qui bénéficient d'ailleurs grandement du renchérissement des cours des matières premières. N'oublions effectivement pas que l'Oncle Sam est le premier producteur mondial de pétrole.

En d'autres termes, n'en déplaise aux dirigeants de la BCE qui n'ont cessé de fanfaronner ces derniers mois en dédaignant les risques inflationnistes, l'inflation de l'UEM est désormais complètement hors de contrôle.

Et ce d'autant qu'au regard des politiques adoptées dans de nombreux pays occidentaux, la spirale « inflation-salaires » est de retour...

Etats-Unis : la récession est bien de retour…

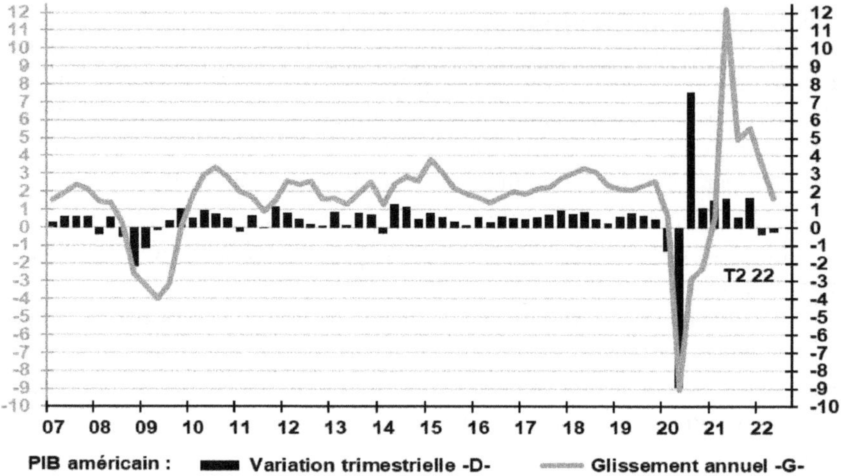

Sources : BEA, ACDEFI

Zone Euro : la stagflation s'installe.

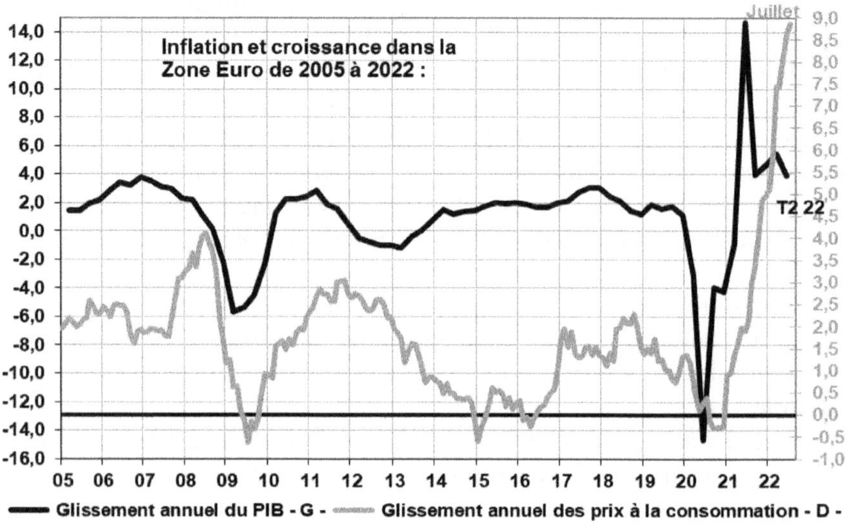

Sources : Eurostat, ACDEFI

L'inflation est déjà supérieure à 9 % dans 14 pays de la Zone Euro.

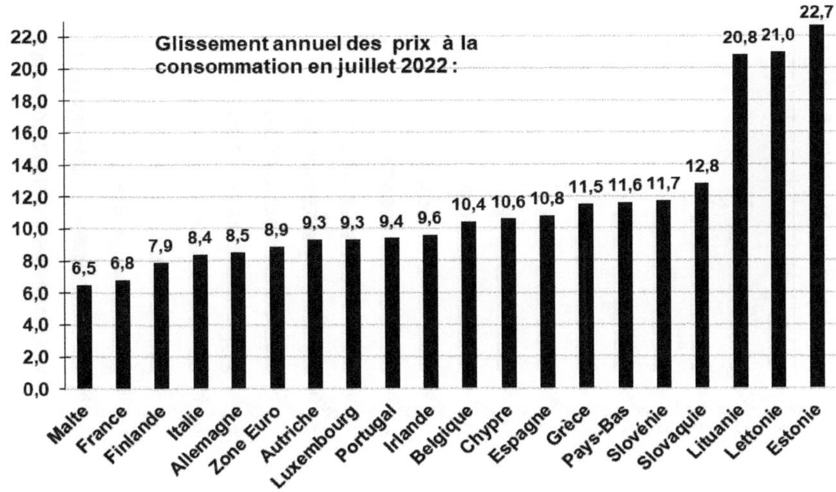

Sources : Eurostat, ACDEFI

Bientôt 10 % d'inflation dans l'ensemble de l'UEM.

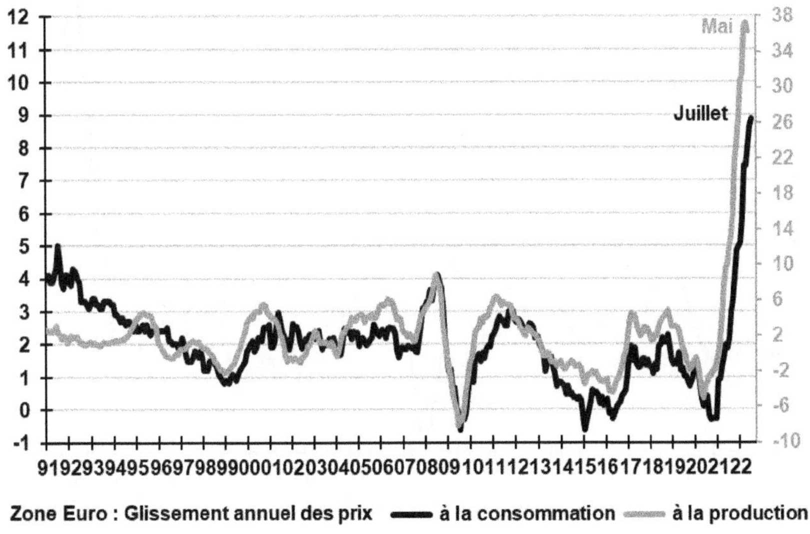

Sources : Eurostat, ACDEFI

Zone Euro : les prix à la production explosent.

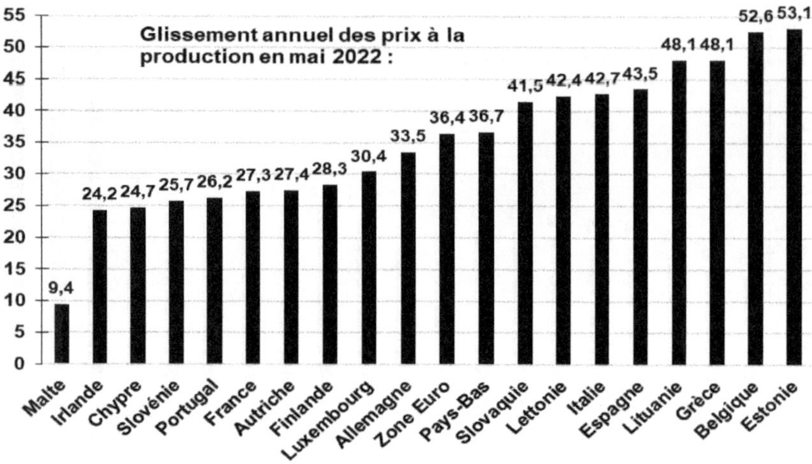

Sources : Eurostat, ACDEFI

Vers une inflation française de bientôt 8 %.

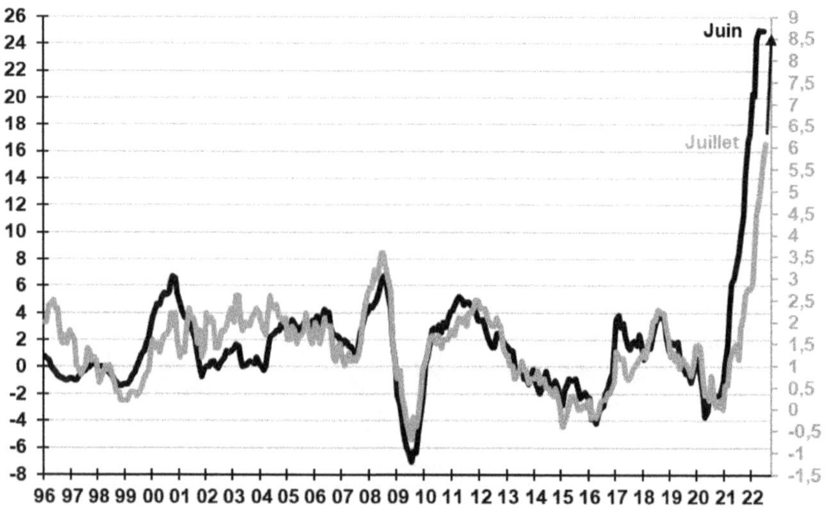

Sources : INSEE, ACDEFI

12.
La spirale « inflation-salaires » menace…

Dire qu'il y a encore quelques mois, la grande majorité des économistes bien-pensants mais aussi des banquiers centraux soutenaient que le retour de la forte inflation était impossible, notamment parce que la spirale « inflation-salaires » était définitivement hors d'état de nuire. Que d'erreurs et de manque de réalisme de la part de nos « élites » ! En effet, comme nous venons de la voir en détail, la flambée de l'inflation et son corollaire la chute du pouvoir d'achat sont bien devenues les principaux dangers économiques des derniers mois et des mois à venir.

Face à ces dangers, il est évidemment très tentant de mettre la pression sur les entreprises pour augmenter les salaires. C'est notamment ce que prônent les adeptes de Mélenchon et compagnie. Or, de façon assez surprenante et décevante, c'est également ce que propose Bruno Le Maire. Notre Ministre de l'Economie a effectivement déclaré dernièrement : « Les entreprises qui le peuvent doivent augmenter les salaires ».

Ce type d'injonction est évidemment très étonnant pour ne pas dire troublant. Tout d'abord, parce qu'il est clair que compte tenu des pénuries de main-d'œuvre qui existent actuellement dans l'Hexagone, les entreprises ont déjà augmenté les salaires pour les collaborateurs qu'elles souhaitent conserver ou attirer. Elles n'ont évidemment pas besoin des injonctions d'un ministre pour le faire.

En fait, cette nouvelle « stratégie » gouvernementale est dangereuse et même contre-productive pour au moins quatre raisons.

1. En laissant croire que certaines entreprises pourraient augmenter les salaires mais ne le font pas, sous-entendu par appât du gain, cette démarche réactive la « lutte des classes ». Or, n'oublions pas qu'en France, 98 % des entreprises ont moins de 10 salariés et 99,8 % emploient moins de 250 personnes. Autrement dit, dans leur écrasante majorité, les entreprises

françaises sont très loin de celles du Cac 40. Et, dans de très nombreux cas, les fins de mois sont difficiles.

2. Pour beaucoup d'entreprises françaises il n'existe pas de marge de manœuvre. Dès lors, augmenter les salaires pourraient être compliqué d'autant qu'elles doivent et devront encore faire face à la hausse des cours des matières premières et des coûts de production au sens large.

3. Augmenter les salaires reviendra *in fine* à alimenter la hausse les prix : c'est ce que l'on appelle la boucle « prix-salaires », que l'on croyait définitivement perdue dans les oubliettes de l'histoire économique, mais qui refait désormais surface. Et, malheureusement, pour sortir de cette spirale, cela peut prendre des années et coûter très cher. Rappelons-nous par exemple de la relance française de 1981. Cette dernière était justement basée sur une forte hausse des salaires pour tous et a suscité une inflation de 14,5 % dès la fin 1981. Pour casser cette flambée et revenir vers des niveaux plus sages d'inflation, il a fallu ensuite engager une politique de rigueur et attendre 1986.

4. Si la boucle « prix-salaires » s'installe, la BCE sera contrainte d'augmenter fortement ses taux d'intérêt directeurs. Mais surtout, compte tenu d'une dette publique française qui atteindra bientôt les 120 % du PIB, les taux d'intérêt des obligations d'Etat et bien sûr des crédits vont exploser, ce qui suscitera inévitablement une récession et plongera la France dans une dramatique stagflation, qui a d'ailleurs déjà commencé.

S'il est donc clair qu'augmenter les salaires sans discernement est une grave erreur, il faut néanmoins bien répondre à la flambée de l'inflation et aux risques sociaux et sociétaux qui menacent la France.

Selon nous, pour lutter contre l'inflation, il faut mettre en place quatre solutions.

1. Baisser les charges qui pèsent sur les salaires : n'oublions pas que lorsqu'une entreprise paie 100 de salaires, le salarié ne touche que 50 nets. En réduisant les charges qui pèsent sur les salaires, on augmente donc les salaires nets sans toucher au compte d'exploitation des entreprises.

2. Réduire la CSG, que tout le monde paie, ce qui donnera du vrai pouvoir d'achat pour toutes et tous.

3. Pour engager ces deux premières mesures sans aggraver le déficit public déjà abyssal, il est indispensable de baisser les dépenses publiques et notamment celles de fonctionnement.

4. Il faudra également moderniser l'économie française, la rendre plus féconde en créations de richesses et en gains de productivité, ce qui permettra notamment aux entreprises d'augmenter les salaires sans faire flamber les prix.

Enfin, même si cela ne dépend évidemment pas que de la France, il serait bon de tout faire pour arrêter la guerre en Ukraine, non seulement pour la population ukrainienne, mais aussi pour toutes celles de la planète et notamment de France qui vont malheureusement devoir supporter une forte baisse de leur pouvoir d'achat. Les solutions existent, encore faut-il avoir le courage de les mettre en place et de refuser la « fuite en avant » qui finira par se payer très cher.

Quitte à me répéter, il faut effectivement bien comprendre que toutes les phases de forte inflation se terminent toujours par une récession. Plus l'inflation monte haut et dure longtemps plus la récession qui s'ensuit est grave et douloureuse.

Ce n'est d'ailleurs qu'après cette phase récessive que l'inflation repart à la baisse. Nous retrouvons ici la règle économique de base « offre-demande », mais en sens inverse. En effet, de la même façon que l'origine première de l'inflation actuelle a été un excès de demande par rapport à l'offre, lorsque les prix s'envolent trop haut, la demande finit par s'effondrer et par converger vers le niveau de l'offre. De plus, il arrive souvent qu'entre-temps, tirée par la flambée des prix, l'offre ait augmenté. Si bien qu'au total, cette dernière dépasse la demande. Ce qui se traduit par une baisse de l'inflation (dite « désinflation »), voire une diminution des prix et par là même un retour en déflation (c'est-à-dire une baisse durable et généralisée des prix à la consommation).

C'est ainsi qu'en 2008, après avoir atteint 150 dollars le baril en juillet et alors que l'écrasante majorité des « spécialistes » du pétrole annonçait l'atteinte imminente d'un baril à plus de 200 dollars, le baril s'est effondré à 34 dollars six mois plus tard.

Même si une rechute aussi forte paraît aujourd'hui peu probable, du moins tant que la guerre en Ukraine perdure, il est inévitable que les cours du pétrole et de l'ensemble des matières premières vont nettement reculer d'ici la fin 2022, ce qui se traduira par un repli de l'inflation, qui demeurera néanmoins élevée au moins jusqu'à la mi-2023.

Au-delà de ces ajustements conjoncturels, il faut également souligner que d'un point de vue plus structurel, les pressions inflationnistes resteront durablement élevées.

Tout d'abord dans le cadre de la transition énergétique en cours. Car, ne nous leurrons : les ressources énergétiques non-fossiles sont certes bien plus écologiques mais aussi bien plus chères que celles qui émettent du CO2. Supprimer ces dernières engendrera donc un coût inflationniste considérable. Certes, à moyen terme, il faut espérer que la révolution des Nouvelles Technologies de l'Energie permettra de réduire ces coûts et d'augmenter les gains de productivité. Pour autant, cela prendra du temps et pèsera à la hausse sur l'inflation pendant au moins une bonne dizaine d'années.

Parallèlement, de plus en plus à la mode, notamment à la suite de la pandémie, les mouvements de démondialisation se traduiront inévitablement par une réduction de la concurrence et par une augmentation des prix.

De même, si elle apparaît entièrement justifiée au regard de notre trop grande dépendance à certains pays pour de nombreux produits et services, le processus de relocalisation alimentera également les tensions inflationnistes.

Bien entendu, si les revenus augmentent bien plus que ces pressions sur les prix, le jeu en vaudra la chandelle, mais si tel n'est pas le cas, il faudra alors se préparer à de nouvelles crises sociales et sociétales.

Quels sont les prix qui augmentent le plus en France en juin 2022 ?

Produits ou services :	Inflation en juin 2022 en %
Combustibles liquides	88,9
Gaz	44,4
Fruits surgelés	34,0
Transport aérien de passagers	26,5
Hôtels et auberges	18,9
Poissons frais	18,3
Huiles et graisses	17,7
Pâtes alimentaires	15,1
Volaille	12,1

Produits ou services :	Inflation en juin 2022 en %
Beurre	9,8
Sucre	7,7
Légumes frais, hors tubercules	7,3
Viande	7,2
Pains et céréales	6,6
PRODUITS ALIMENTAIRES	6,4
Services postaux	6,0
Cinéma, théâtre, concerts	-3,1
Abonnements audio-visuels	-6,1

Sources : INSEE, ACDEFI

Pour les ménages modestes, l'inflation est double !

Calcul de l'inflation en France	
	Pondérations en 2022 :
Produits alimentaires et boissons non alcoolisées	14,7
Boissons alcoolisées et tabac	4
Habillement	3,5
Logement, eau et énergie	9,8
Energie	5,6
Meubles et entretiens du foyer	5,3
Santé	11,3
Tranports	14,3
Communications	2,7
Loisirs et Culture	8,4
Restaurants et Hôtels	6,6
Biens et services divers	13,8
	100

Si la part de l'alimentaire et celle de l'énergie doublent par rapport au panier moyen, l'inflation de juin 2022 passe de 5,8 % à 10,4 %

Sources : INSEE, ACDEFI

La dernière fois que la spirale « prix-salaires » a été actionnée, l'inflation française est montée à 14,5 %. C'était en 1981.

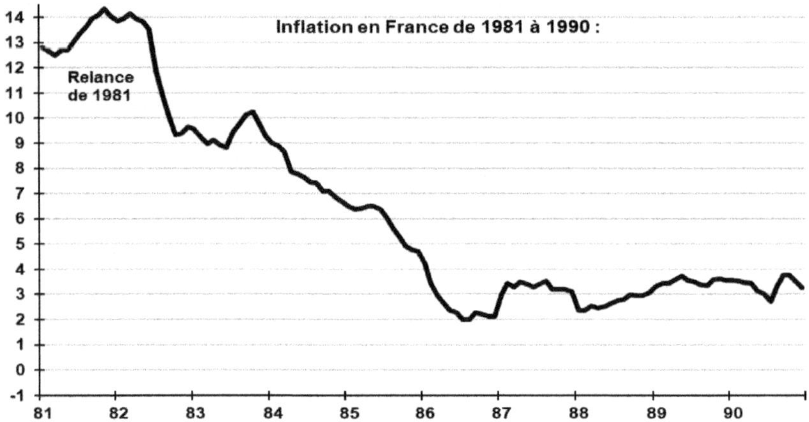

Sources : INSEE, ACDEFI

Le pétrole flambe, la récession arrive, le pétrole rechute...

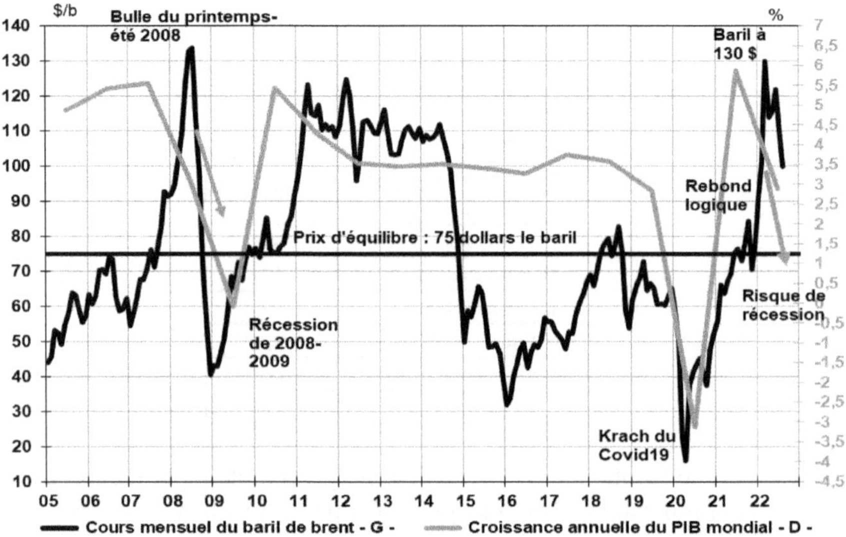

Sources : FMI, ACDEFI

EPISODE V :

LES ETATS ET LES BANQUES CENTRALES EN ECHEC

13.
Des banques centrales « pompiers pyromanes ».

C'est certainement l'une des plus mauvaises nouvelles de ces dernières années : alors qu'en temps normal, elles sont les « gardiennes du temple », c'est-à-dire de la stabilité économique et financière, les banques centrales, notamment la Réserve fédérale américaine (Fed) et la Banque Centrale Européenne (BCE), sont devenues de dangereux « pompiers pyromanes ».

En effet, sous couvert de vouloir soutenir l'activité, celles-ci ne pensent plus qu'à faire plaisir aux marchés financiers. Pour y parvenir, elles ont actionné des « planches à billets » pléthoriques, qui ont produit de plus en plus d'effets pervers, en l'occurrence des bulles boursières, obligataires et immobilières, mais aussi une forte augmentation de l'inflation, tant aux États-Unis que dans la Zone Euro. Si bien que l'inflation a flambé durablement et bien au-delà des objectifs de la Fed et de la BCE, montrant que ces dernières sont complètement dépassées et même piégées par ces tensions inflationnistes.

En dépit de ces évidences, le Président de la Fed Jerome Powell et la Présidente de la BCE Christine Lagarde ont continué de claironner pendant des mois que tout allait bien, qu'ils avaient la situation sous contrôle ou encore que l'augmentation de l'inflation était transitoire. Seulement voilà, tous les indicateurs avancés de l'inflation, et notamment les glissements annuels des prix à la production n'ont cessé de flamber depuis le printemps 2021.

Dès lors, nier cette réalité et faire la politique de l'autruche était une dangereuse erreur stratégique. L'inflation c'est effectivement comme la pâte dentifrice : une fois qu'elle est sortie de son tube, il n'est plus possible de l'y remettre. Autrement dit, si l'inflation dérape trop, il est ensuite très difficile et économiquement coûteux d'inverser la tendance.

Et, malheureusement, c'est exactement ce qui s'est produit. Certes, aux Etats-Unis, Jérome Powell a fait son mea culpa dès la fin 2021. Mieux vaut tard que jamais. Pour autant, en cessant sa politique ultra-accommodante en urgence, la Fed a provoqué un mouvement de panique sur les marchés financiers et a cassé très fortement la croissance de l'économie américaine.

Le comportement de la BCE a été encore plus cocasse et donc plus dramatique. En effet, en dépit de l'évidente flambée inflationniste dans la Zone Euro, qui s'est, bien entendu, aggravée avec l'explosion des cours des matières premières, la Présidente de la BCE, Madame Christine Lagarde, a non seulement refusé de faire son mea culpa, mais a, en plus, continué sa politique monétaire ultra-accommodante jusqu'au 21 juillet 2022. A cette date, après plus de huit mois de déni de réalité, la BCE a enfin décidé d'augmenter son taux refi. Et si certains ont pu apparaître surpris par le resserrement de 50 points de base de ce dernier, soulignons que celui-ci était largement justifié et même très loin du compte, comparativement à l'ampleur des dégâts inflationnistes.

Face à ce réveil tardif et douloureux de la BCE, deux principales réflexions s'imposent. D'une part : Que de temps perdu ! N'oublions effectivement pas que l'objectif d'inflation de la BCE est de 2 %, alors que l'inflation effective de la Zone Euro était en juin de 8,6 %, 8,9 % en juillet (un record historique) et sera bientôt supérieure proche de 10 %...

Un tel décalage entre l'objectif principal de la BCE et la réalité n'est évidemment pas de nature à améliorer la crédibilité de l'Institut d'émission de la Zone Euro qui est déjà particulièrement faible.

D'autre part, ce resserrement, pourtant indispensable ne serait-ce que pour stopper la chute de l'euro, notamment face au dollar, tombe particulièrement mal, puisqu'il coïncide avec deux évènements particulièrement dangereux. Primo, la démission de Mario Draghi à la tête du gouvernement italien, qui plonge donc le pays dans une nouvelle crise politique. Secundo, la publication de statistiques qui confirment que l'UEM est bien en train de retomber dans la récession.

Autrement dit, à force d'avoir trop tardé à enlever la perfusion, la BCE a participé à plonger la Zone Euro dans la stagflation.

Et ce n'est pas tout, car la nécessaire poursuite du resserrement monétaire des deux côtés de l'Atlantique va forcément susciter une nouvelle crise financière. Et ce, à cause d'un déni de réalité permanent, qu'il va maintenant falloir réparer avec pertes et fracas…

Ne l'oublions jamais : comme de très nombreuses banques centrales de la planète, la Fed et la BCE ont trois objectifs principaux : limiter l'inflation, éviter les récessions et assurer la stabilité financière.

En 2020, la crise sanitaire a notamment suscité une inflation nulle, voire négative dans certains pays, une récession historique de deux trimestres et un krach boursier d'environ un mois. Face à ces trois catastrophes, les banques centrales étaient dans l'obligation de réagir en abaissant leurs taux directeurs et en déployant le « quantitative easing », ce qui a notamment permis de réduire les taux d'intérêt des obligations d'Etat en dépit de l'explosion des dettes publiques. A crise historique, politique monétaire historique !

Aussi, après un début chaotique, cette stratégie a payé : les marchés financiers ont évité le krach de 1929 et ont même rebondi fortement, la croissance a redémarré vigoureusement à travers la planète et la déflation durable a été déjouée.

Le seul problème est que, depuis 2021, les banques centrales sont tombées dans leur propre piège : après avoir exagérément usé de la « planche à billets », elles ont craint que l'arrêt de cette dernière ne se traduise par un net ralentissement économique et par un effondrement des marchés financiers.

Dans ce cadre, elles ont pris un risque particulièrement élevé, celui de laisser filer l'inflation, en espérant que cette dernière reculerait comme par miracle. Seulement voilà, en économie, les miracles sont plutôt rares, en particulier en matière d'inflation. Et surtout, lorsque les indicateurs avancés de cette dernière étaient haussiers pendant des mois et avant même la guerre en Ukraine.

Plutôt que de se focaliser sur l'évolution des marchés financiers et d'alimenter par là même des bulles boursières et obligataires particulièrement dangereuses pour la bonne marche de l'économie mondiale, les banques centrales auraient dû reprendre leurs esprits et faire leur vrai boulot, en l'occurrence empêcher que l'inflation ne se tende excessivement, ce qui a mis en péril la poursuite de la croissance économique.

Aussi fou que cela puisse paraître, les banquiers centraux ont donc adopter les vieilles habitudes des politiciens, c'est-à-dire favoriser le clientélisme et le court-termisme au détriment de la crédibilité et des objectifs de plus long terme.

A ce jeu dangereux, une chose est sûre, il n'y a que des perdants : la croissance, le pouvoir d'achat, les marchés financiers et bien sûr les entreprises et les citoyens, sans oublier les banques centrales elles-mêmes qui ont évidemment perdu en crédibilité.

Quand on joue avec le feu, on finit par se brûler, en particulier lorsque les banques centrales deviennent de dangereux « pompiers pyromanes ».

Après 6 mois de déni, la Fed a employé les grands moyens.

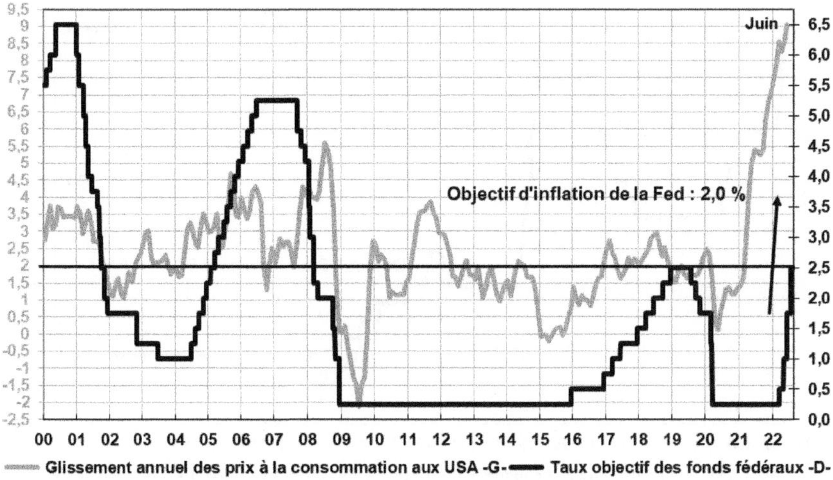

Sources : Federal Reserve, BLS, ACDEFI

Face à l'explosion des prix à la production, la Fed aurait dû agir bien plus tôt…

Sources : BLS, ACDEFI

La BCE complètement larguée…

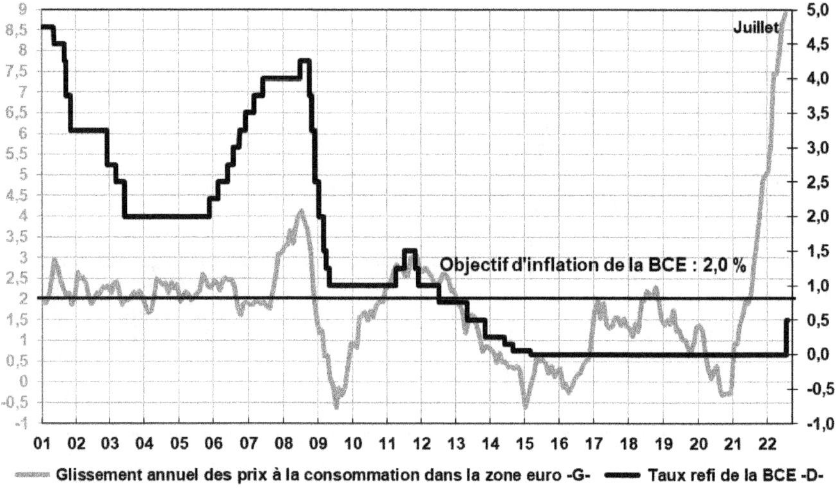

Sources : Eurostat, BCE, ACDEFI

14.
L'ère de « l'argent magique » est terminée.

Toutes les bonnes choses ont une fin ! Et, n'en déplaise à certains, le règne de l'argent gratuit n'a pas échappé à cette règle. En effet, grâce à des taux d'intérêt monétaires extrêmement bas et à une « planche à billets » pléthorique, les principales banques centrales occidentales ont plongé le monde dans un paradis artificiel particulièrement dangereux.

Certes, encore une fois, il faut reconnaître qu'au plus fort de la pandémie et de la récession, il fallait bien éteindre l'incendie. Et, pour le coup, les banques centrales n'ont pas lésiné sur les moyens. Après avoir réduit les taux d'intérêt monétaires à 0 %, voire les amener en territoire négatif (par exemple pour le taux de dépôt de la BCE qui a été abaissé à - 0,5 % de septembre 2019 à juillet 2022) avant même le début de la pandémie, celles-ci ont déployé un processus massif d'achat de titres de dettes, notamment publiques.

Quelques chiffres valent mieux que de longs discours : De 2008 à 2022, le bilan de la Réserve fédérale américaine a été multiplié par 10, atteignant le 16 mai 2022 la modique somme de 8 946 milliards de dollars, dont 92 % de titres de dettes, principalement publiques. Ce qui est encore plus fou c'est que quelques semaines avant le début de la pandémie, ce montant n'était « que » de 3 800 milliards de dollars. Autrement dit, on ne pourra pas dire que la Fed a été frileuse.

Même constat pour la BCE. En effet, le total de son bilan a aussi été multiplié par 10, mais depuis 2004. Le 24 juin 2022, il atteignait ainsi le montant record de 8 836 milliards d'euros, soit plus de 10 160 milliards de dollars en parité de pouvoir d'achat (c'est-à-dire avec un euro à 1,15 dollar).

C'est évidemment grâce à cette profusion de liquidités et aux achats massifs d'obligations d'Etat par ces deux banques centrales que les taux d'intérêt de ces dernières aux Etats-Unis et dans les pays de la Zone Euro ont pu rester artificiellement bas, voire parfois négatifs, en dépit de la flambée des dettes publiques.

Cette munificence des banques centrales a également permis d'alimenter les bulles financières en tous genres : obligataires, boursières, immobilières, bitcoinières, aggravant d'ailleurs les inégalités entre ceux qui ont pu faire fructifier leur épargne et ceux qui ont dû puiser dans cette dernière pour faire face aux affres des confinements, de la récession, puis de la forte inflation.

A la rigueur, outre-Atlantique, il faut reconnaître que les relances budgétaires et monétaires ont permis de limiter la casse (le PIB américain n'a baissé que de 3,4 % en 2020), tout en remettant l'économie de l'Oncle Sam sur le chemin de la croissance forte et durable dès la fin 2020 et encore plus pour 2021, avec une progression annuelle du PIB de 5,7 %. Si bien que le PIB américain de 2021 dépassait son niveau de 2019 de 2,1 %.

Bien différemment, dans la Zone Euro, les largesses de la BCE n'ont pas permis d'éviter une récession dramatique en 2020 (- 6,5 %) et ont été incapables de permettre au PIB de l'UEM de retrouver son niveau de 2019. En 2021, il lui était encore inférieur de 1,5 % et la récession qui s'installe en 2022 risque de ne pas améliorer la situation.

C'est en cela que le règne de « l'argent gratuit » s'avère non seulement inefficace mais surtout dangereux, en particulier dans les pays de l'Union Economique et Monétaire. En effet, en habituant les acteurs économiques et notamment les États à des taux d'intérêt obligataires nuls voire négatifs, les banques centrales ont compromis la sortie de crise. Pire, elles ont créé un aléa moral, dans la mesure où face à la faiblesse des taux d'intérêt des obligations d'Etat en dépit de la flambée des dettes publiques, certains n'ont pas hésité à continuer d'augmenter leur dette en dépit du bon sens. Comme disait Coluche : « tant que je gagne, je joue ! ».

Le drame est qu'en dépit de ces comportements de passager clandestin, la Fed et la BCE ont continué de claironner qu'elles n'arrêteraient pas de diffuser leurs liquidités à profusion et sans limite. Pourtant, avec une variation positive du PIB et une inflation supérieure à 3 % dès le printemps 2021, les banques centrales n'avaient plus le droit de prolonger leur gabegie monétaire. Il en allait de leur crédibilité, mais aussi de la stabilité de nos économies.

Et ce, d'autant que les dettes publiques ont continué d'exploser en 2021, dépassant largement les 100 % en moyenne dans la Zone Euro, les 120 %

aux Etats-Unis et en France, les 160 % en Italie et en Espagne et les 210 % en Grèce…

Pour arrêter cette « fuite en avant » irresponsable, il aura fallu attendre l'explosion de l'inflation de la fin 2021 et du début 2022.

Enfin ! Après plus de six mois de déni de réalité, refusant d'admettre que la résurgence inflationniste n'était pas seulement transitoire, les banques centrales ont alors décidé de voir à la réalité en face et de changer leur fusil d'épaule. En effet, que ce soit aux Etats-Unis, au Royaume-Uni et dans une moindre mesure dans la Zone Euro, toujours en retard de deux ou trois trains, les politiques monétaires excessivement accommodantes ont commencé à se terminer à partir du printemps 2022.

Aux Etats-Unis, la Réserve fédérale a ainsi commencé à mettre fin à sa « planche à billets » dès mars 2022, tout en augmentant son taux objectif des *federal funds* de 0,25 % le 15 mars 2022 à 2,50 % le 27 juillet 2022.

La Banque d'Angleterre avait même anticipé le mouvement, puisqu'elle a créé la surprise en resserrant son taux de base de 0,10 % à 0,25 % dès sa réunion de politique monétaire du 16 décembre 2021.

Quant à la BCE, elle a certes mis fin à ses achats d'emprunts d'Etat effectués dans le cadre du Programme d'achats d'urgence face à la pandémie (PEPP) en mars 2022, mais a augmenté son programme classique d'achats d'actifs dit « APP » à 40 milliards d'euros par mois à partir du deuxième trimestre 2022, contre 20 milliards précédemment, tout en maintenant son taux refi à 0 % jusqu'au 21 juillet 2022.

Dire que dès le printemps 2021, j'étais parmi les très rares à demander la fin de l'argent gratuit pour le début 2022 au plus tard ! A l'époque, personne ne voulait y croire et surtout personne n'en avait envie. La dépendance aux drogues dures est également un fléau pour les marchés financiers.

Mais, cette fois-ci, c'est enfin chose faite, ou presque ! Et ce n'est pas trop tôt. En effet, les banques centrales n'ont eu de cesse de refuser de réagir face à la flambée de l'inflation, contrevenant à leur objectif principal de limitation de cette dernière.

Par manque de discernement, d'anticipations fiables et à cause d'un clientélisme malvenu en faveur des dirigeants politiques et des marchés financiers, les banques centrales du monde développé ont donc plongé ce dernier dans une dangereuse phase de stagflation, qui allie forte inflation, remontée des taux d'intérêt obligataires et stagnation économique.

Dès lors, le fameux « quoi qu'il en coûte », qui a notamment permis à la France et à ses partenaires européens de dépenser sans compter et malheureusement sans retour de la croissance forte et durable à la clé, va commencer à coûter très cher.

Face à cette mini-révolution, qui n'est finalement qu'un retour à la normale, les marchés financiers ont, heureusement, arrêté de flamber dans le vide. Si le dégonflement des bulles financières est certainement douloureux pour certains épargnants qui ont oublié le bon sens et la prudence, il a néanmoins une vertu de taille : celle de rappeler que la vraie création de richesses ne réside pas dans la « planche à billets », la création monétaire artificielle et l'argent gagné facilement grâce à la spéculation.

Bien entendu, la spéculation fait partie du fonctionnement des marchés financiers et aussi de la vie économique. Mais elle doit rester la partie émergée de l'iceberg. Si elle devient l'iceberg dans sa totalité, alors elle devient destructrice, produisant des crises financières, économiques, sociales et sociétales. Est-cela que nous voulons retrouver pour les années à venir ?

Certainement pas ! Aussi, ne l'oublions jamais : la vraie création de richesses réside dans l'investissement, l'innovation, l'esprit d'entreprendre, la créativité, le travail. Espérons donc que la fin de « l'argent gratuit » nous permettra de retrouver tout simplement le bon sens.

15.
Dette, inflation et remontée des taux : Le trio infernal.

Ce sont les trois principaux dangers économiques qui menacent notre avenir : le niveau stratosphérique de la dette publique, la flambée de l'inflation et la remontée de plus en plus forte des taux d'intérêt des obligations d'Etat et par là même de nos crédits. Et ce, en particulier dans l'Hexagone.

Certes, au quatrième trimestre 2021, la dette publique française a miraculeusement baissé. En puisant massivement dans leur trésorerie, les administrations publiques ont ainsi réussi à diminuer leur dette de 19,8 milliards d'euros sur un trimestre. Pour autant, avec un niveau de 2 813,1 milliards d'euros fin 2021, la dette publique française demeurait dramatiquement élevée. Elle restait d'ailleurs la plus importante des pays de la Zone Euro. Parallèlement, grâce au rebond correctif du PIB du quatrième trimestre 2021, le ratio dette publique / PIB a reculé à 112,9 %, contre 116,3 % au trimestre précédent. Mais là aussi, pouvait-on raisonnablement crier victoire, sachant que ce ratio restait le cinquième plus élevé de l'Union européenne et 43 points au-dessus de celui de l'Allemagne ?!

En outre, il ne faut pas oublier que l'utilisation de la trésorerie des administrations publiques pour réduire leur dette et le rebond technique du PIB sont des « fusils à un coup », qui, par définition, ne sont pas extrapolables. Que les aficionados de la dette publique soient donc rassurés, cette dernière continuera de progresser sur l'ensemble de l'année 2022. D'ailleurs, dès le premier trimestre 2022, la dette publique française et son poids dans le PIB sont repartis en nette hausse, avec un nouveau record historique de 2 901,8 milliards d'euros et un rebond du ratio sur PIB à 114,6 %.

Dans ce cadre, et comme cela s'observe depuis déjà quelques mois, les taux d'intérêt des obligations d'Etat continueront de se tendre. En attendant de détailler cette tension dans le chapitre 16, soulignons simplement que le krach obligataire a déjà commencé dès la fin 2021. Du début septembre 2021 à fin mars 2022, les taux d'intérêt à dix ans des obligations d'Etat sont ainsi passés de 0,6 % à 2,8 % en Grèce, de 0,6 % à 2,2 % en Italie et de 0,3 % à 1,5 % en Espagne. Même l'Allemagne, qui reste pourtant « l'élève » le moins dissipé de la classe UEM, a vu son taux du Bund 10 ans passer sur cette même période de - 0,4 % à quasiment 0,7 %, un plus haut à l'époque depuis février 2018, qui a été largement dépassé depuis.

Quant au taux d'intérêt des obligations de l'Etat français à dix ans, la sanction a également été sévère dès le printemps 2022, puisque celui-ci a augmenté de - 0,1 % début septembre 2021 à 1,1 % le 30 mars 2022, un sommet, à l'époque, depuis mars 2017. Et ce, en dépit de la poursuite de la « planche à billets » de la BCE qui, rappelons-le, n'a toujours pas été arrêtée malgré l'explosion de l'inflation dans la Zone Euro. Cela signifie que lorsque celle-ci prendra complètement fin, la remontée des taux des obligations d'Etat s'intensifiera.

Or, pour ne prendre que l'exemple de l'Etat français, il faut savoir qu'une augmentation d'1 point de ces taux d'intérêt se traduit par un surcoût de 39 milliards d'euros sur 10 ans pour la charge d'intérêts de la dette publique. En d'autres termes, « l'argent gratuit » et le « quoi qu'il en coûte qui ne coûte rien » sont bel et bien terminés ! L'heure du paiement des factures a désormais sonné.

Face à ce retour douloureux dans le « monde réel », certains n'hésitent cependant pas à souligner que l'augmentation actuelle de l'inflation serait de bon augure dans la mesure où elle viendrait en partie financer la dette. A ce titre, la progression de l'inflation française à plus de 6 %, un sommet depuis 1985, pourrait donc constituer une bonne nouvelle. Mais ce raisonnement pèche par deux voies principales. Primo, si, comme cela est malheureusement très probable, l'inflation continue d'augmenter, elle alimentera la tension des taux d'intérêt des obligations d'Etat. A titre de comparaison, rappelons qu'en 2008, dernière phase de tensions inflationnistes significatives, le taux d'intérêt à dix ans des obligations de l'Etat français est monté à 4,8 %, alors que l'inflation française n'était que de 3,6 %. Lors de l'été-automne 1990, au lendemain de la première guerre du Golfe, ils étaient de respectivement 9 % et 3,8 %. Enfin, la dernière fois que l'inflation française était plus forte qu'aujourd'hui, c'est-à-dire au printemps 1985, les taux d'intérêt à dix ans de la dette publique française étaient de l'ordre de 10 %. Autrement dit, même si l'atteinte de tels niveaux de taux d'intérêt obligataires paraît peu probable aujourd'hui, il est néanmoins clair qu'une augmentation trop forte et durable des prix pourra susciter des taux longs supérieurs à l'inflation, ce qui accroîtra encore la dette publique.

Secundo, le maintien d'une trop forte inflation ne manquera pas de casser la croissance économique, de faire remonter le chômage, ce qui se traduira par une nouvelle aggravation des déficits publics et de la dette, alimentant l'augmentation des taux d'intérêt obligataires, et le cercle pernicieux continuera... Ceux qui défendent que la forte inflation est une bonne chose dans la mesure où elle permet de financer l'explosion de la dette publique devraient donc faire un peu d'histoire et revenir sur les fondamentaux économiques.

L'histoire économique nous a effectivement montré que flambée de la dette publique, inflation durablement excessive et remontée durable des taux d'intérêt obligataires constituent un trio infernal aux conséquences durablement néfastes. Pour les mois à venir, ces trois fléaux devraient notamment se traduire par une aggravation de la charge d'intérêts de la dette publique, mais aussi par une hausse massive du coût des crédits pour les entreprises et les ménages, suscitant une nette baisse de l'activité économique.

Parallèlement, jusqu'à présent très largement alimentée par la faiblesse artificielle des taux d'intérêt, la bulle immobilière française pâtira forcément de la remontée de ces derniers.

En outre, l'augmentation des taux longs produira mécaniquement une chute des cours obligataires et pèsera à la baisse sur les cours boursiers, également affectés par le ralentissement économique actuel et à venir. Seul piètre réconfort, les taux de rendement des comptes sur livret et de l'épargne à taux garantis augmenteront progressivement.

Enfin, il reste à souhaiter que, devant l'augmentation logique et justifiée des taux d'intérêt des obligations d'Etat, les gouvernements prendront enfin la mesure de leurs actes et arrêteront d'augmenter la dette publique sans compter, comme ils n'ont cessé de le faire depuis plusieurs décennies, en particulier en France.

Dette publique : Grèce, Italie, Portugal, Espagne, France, les maillons faibles de l'Union Européenne et de la Zone Euro

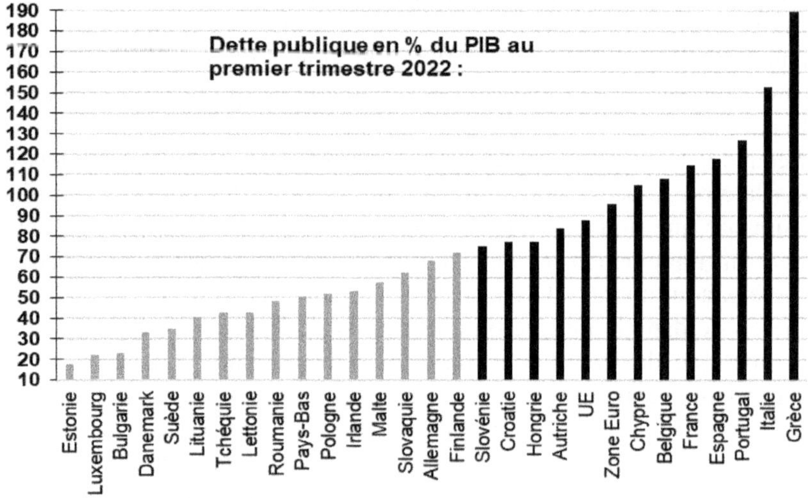

Sources : Eurostat, ACDEFI

Taux d'intérêt artificiellement bas : La fête est finie !

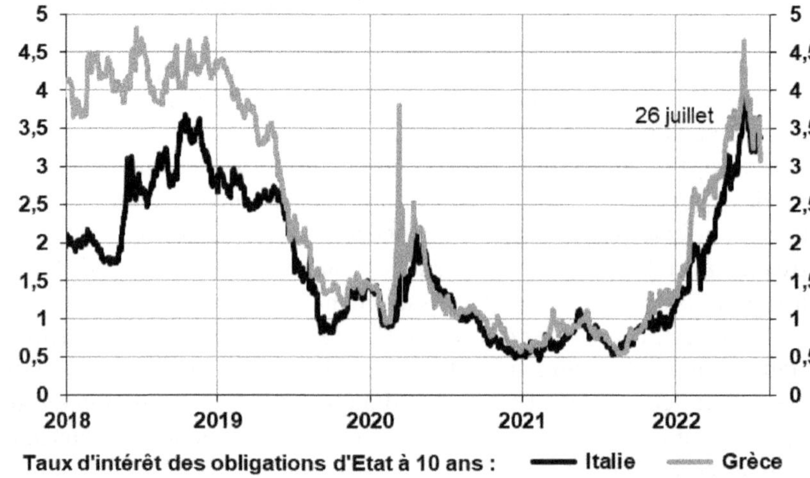

Sources : BCE, ACDEFI

Episode VI :

Marches financiers : Attachez vos ceintures !

16.
Krach obligataire : Le plus grave depuis 1994.

C'est certainement la clé des prochains mois et des prochaines années : l'augmentation des taux d'intérêt des obligations d'Etat et par ricochet des taux d'intérêt des crédits aux ménages et aux entreprises. Et pour cause : si ces taux d'intérêt augmentent, le « château de cartes » dans lequel nous vivons depuis plus de deux ans s'effondre : rechute de l'investissement et de la consommation, hausse du chômage, dégonflement des bulles obligataires, boursières et immobilières... D'où une question essentielle : déjà entamée depuis quelques mois, avec des périodes d'accalmie tout de même, la remontée des taux d'intérêt des obligations d'Etat et des crédits va-t-elle se poursuivre ?

En effet, même si de (trop) nombreux investisseurs feignent de l'ignorer, la réalité est sans appel : la remontée des taux d'intérêt des obligations d'Etat, qui avait commencé au printemps 2021, puis s'était apaisée à partir de l'été dernier, est repartie de plus belle depuis le début 2022, se traduisant par un krach obligataire mondial historique.

Celui-ci a commencé aux Etats-Unis et s'est très vite installé dans la Zone Euro dans des proportions exceptionnelles.

En dépit d'une intervention en urgence de la Banque Centrale Européenne le 15 juin 2022, puis de plusieurs effets d'annonce de cette même BCE en vain, la réalité est cinglante : de nombreux pays de la Zone Euro sont en train de vivre leur plus grave krach obligataire depuis 1994. A commencer par la France. En effet, de janvier 2021 à juin 2022, le taux d'intérêt des obligations de l'Etat français à dix ans est passé de - 0,4 % à 2,4 %, soit 2,8 points d'augmentation. Pour retrouver une tension identique en si peu de temps, il faut remonter au krach obligataire de 1994, qui s'était notamment traduit par une hausse de ce même taux d'intérêt de 5,6 % à 8,4 %.

Les tensions ont été encore plus fortes en Italie, où le taux d'intérêt à dix ans des obligations d'Etat est passé de 0,5 % en janvier 2021 à 4,2 % les 14 et 15 juin 2022. En Grèce, et sur cette même période, celui-ci s'est tendu de 0,6 % à 4,7 %.

Face à ces dérapages, la BCE est alors intervenue pour annoncer qu'elle soutiendrait les Etats en difficulté en achetant de leurs dettes pour éviter une trop forte augmentation de leurs taux d'intérêt obligataires. Mais cette annonce a eu l'effet d'un coup d'épée dans l'eau. En effet, les taux d'intérêt des pays du Sud de la Zone Euro ont certes baissé, mais sont restés très élevés : 3,8 % en Italie et 4,3 % en Grèce. Tout ça pour ça !

Quelques semaines plus tard, la BCE a confirmé la mise en place de son outil anti-fragmentation, mais les taux d'intérêt des obligations d'Etat n'ont baissé que modérément.

Ces nouveaux couacs en provenance de la BCE s'expliquent par trois raisons principales. Primo, la BCE n'est malheureusement plus crédible. Elle s'est effectivement enferrée dans le déni de réalité inflationniste et a continué sa politique ultra-accommodante en dépit du bon sens en 2021 et 2022. Encore plus grave : sans faire de mea culpa, elle est désormais en train de récidiver, annonçant qu'elle continuera sa « planche à billets », certes déguisée, pour les Etats les plus dispendieux. Encore une erreur stratégique !

Secundo, il ne faut pas oublier que, compte tenu de l'ampleur des dettes publiques et des flambées inflationnistes, l'augmentation des taux d'intérêt des obligations des Etats de l'UEM est tout à fait logique et amplement méritée. Ce qui ne l'était pas, c'était justement la baisse de ces taux d'intérêt en 2020-2021 alors que les dettes publiques flambaient. Cette exubérance était évidemment liée à l'énormité de la « planche à billets » qui a non seulement incité les Etats à augmenter leur dette publique et a, en plus, alimenté l'exacerbation des pressions inflationnistes. A présent que ces dernières sont devenues indéniables et insupportables, la BCE est obligée de freiner ses achats de dettes publiques et les taux d'intérêt des obligations d'Etat reviennent donc vers des niveaux normaux.

Tertio, il ne sert à rien de lutter contre la réalité économico-politique. L'augmentation des écarts (dits « spreads ») de taux d'intérêt entre les pays du Sud de la Zone Euro et ceux du Nord tient simplement au fait que les premiers ont laissé filer leur dette publique sur des sommets stratosphériques tandis que les seconds ont tout fait pour limiter les dégâts.

Autrement dit, le différentiel de taux d'intérêt obligataires entre l'Italie et l'Allemagne ne fait que refléter l'écart entre un ratio dette publique/PIB de 152 % en Italie et 70 % en Allemagne.

Parallèlement, ces tensions sur les taux longs montrent que la stabilité politique de l'UEM est fragile. En d'autres termes, les écarts de taux d'intérêt confirment que les investisseurs sont inquiets quant à la volonté des « pays sérieux » de continuer à soutenir politiquement les « pays dispendieux », comme cela avait pu par exemple s'observer lors de la crise grecque. La dette de l'Etat grec était à l'époque de 350 milliards d'euros, il était donc possible de faire un effort pour sauver la Grèce. Aujourd'hui, avec une dette publique italienne de 2 755 milliards d'euros, le sauvetage s'avère bien plus compliqué.

Dès lors, dans la mesure où elles ne résoudront pas les problèmes de stabilité politique de la Zone Euro, les interventions diverses et variées de la BCE pour masquer la réalité ne serviront à rien, sinon à aggraver la bulle de la dette et à susciter une crise financière encore bien plus dramatique que lors du quasi-défaut grec de 2011.

Et, attention, ne croyons pas que ce triste sort soit réservé aux pays du Sud. La France est également en grand danger. D'ailleurs, en dépit de l'annonce de la BCE, le taux d'intérêt à dix ans des obligations de l'Etat français n'a que très peu baissé depuis son point haut du 14 juin, se maintenant proche des 2 %, contre, rappelons-le encore 0,0 % fin 2021.

Le pire est que, compte tenu de la flambée actuelle et à venir de l'inflation, mais aussi de la nouvelle augmentation des déficits et de la dette publique de la France au cours des prochains mois, l'augmentation des taux d'intérêt des obligations de l'Etat français va évidemment encore s'aggraver.

C'est en cela qu'il est possible de dire que le krach obligataire ne fait que commencer…

Encore une fois : ce qui était anormal était justement la situation précédente dans laquelle les taux d'intérêt des obligations d'Etat étaient proches de zéro, voire négatifs. Ne l'oublions pas : les taux d'intérêt à long terme correspondent théoriquement aux taux d'intérêt à court terme auxquels on ajoute deux types de composants. Primo, le coût d'opportunité du prêt, c'est-à-dire du renoncement de ses liquidités à court terme, ce coût étant positivement corrélé à l'échéance du prêt : plus on prête longtemps, plus ce coût augmente.

Secundo, des primes de risque. Ces dernières sont notamment relatives aux perspectives d'inflation, de croissance et de déficit public. Aujourd'hui, si la prime de risque relative à la croissance demeure modérée, voire négative, celle liée à l'inflation ne cesse d'augmenter et justifie donc en partie la remontée des taux longs.

De plus, la prime de risque relative aux déficits publics et à la piètre crédibilité des Etats à réduire la dette est nettement haussière. Dans ce cadre, le niveau théorique du taux d'intérêt à dix ans des obligations de l'Etat français par exemple se situe autour des 3,5 %. De quoi confirmer que la récente remontée des taux longs est loin d'être terminée.

Parallèlement, cette tension des taux obligataires va mécaniquement accroître les déficits publics et grever le peu de croissance économique qui est dernièrement apparue dans la Zone Euro. L'augmentation des déficits et de la dette va donc alimenter la hausse des taux longs, engendrant un cercle pernicieux particulièrement dommageable pour l'activité économique. Dès lors, ce ralentissement économique jouera également sur les marchés boursiers, qui ont déjà connu plusieurs tempêtes ces derniers mois.

Il faut donc se préparer à des mouvements de fortes corrections baissières et de volatilité élevée des marchés obligataires et boursiers. Rien d'insurmontable, mais mieux prévenir que guérir…

Une remontée des taux obligataires généralisée et vertigineuse.

	Taux d'intérêt des obligations d'Etat à 10 ans :		
	En Janvier 2021	Le 14 Juin 2022	Un plus haut depuis :
Grèce	0,6 %	4,70 %	Mai 2018
Italie	0,5 %	4,22 %	Octobre 2013
Etats-Unis	1,01 %	3,30 %	Avril 2011
Espagne	0,03 %	3,13 %	Avril 2014
France	- 0,37 %	2,40 %	Janvier 2014
Allemagne	-0,6 %	1,75 %	Janvier 2014

Sources : Banques centrales, ACDEFI

Remontée des taux d'intérêt : l'Oncle Sam donne le « la ».

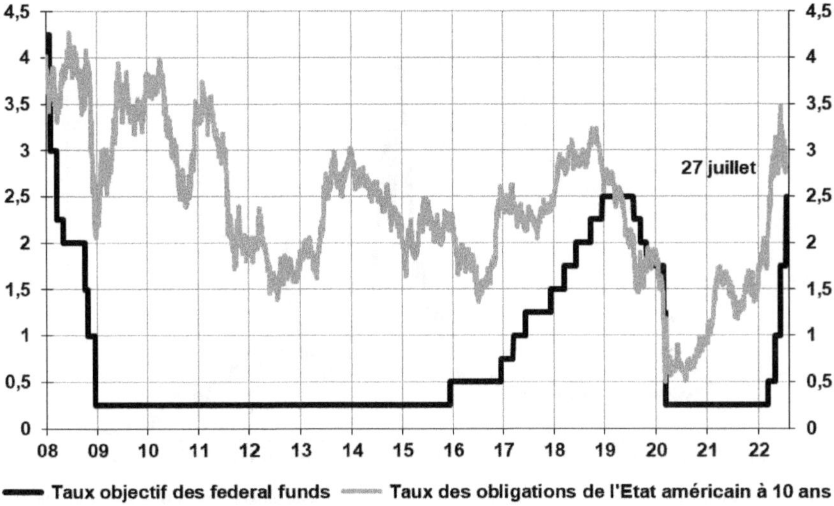

Sources : Federal Reserve, ACDEFI

L'Allemagne et la France ne sont pas épargnées.

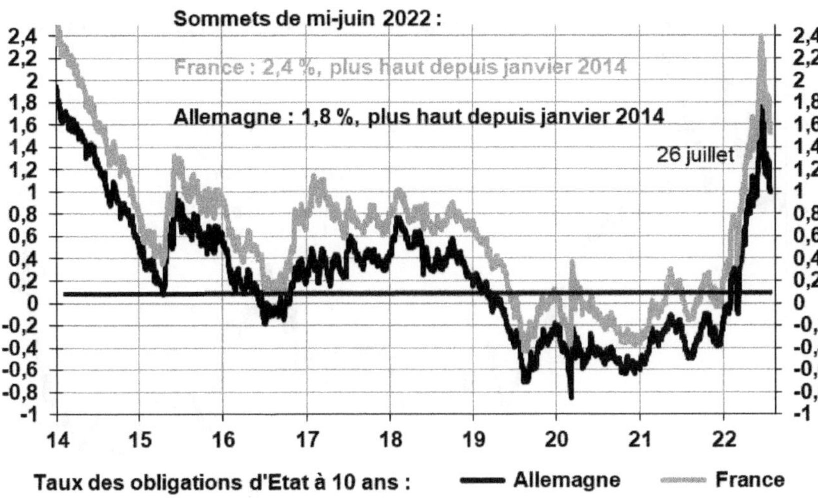

Sources : BdF, Bundesbank, ACDEFI

La remontée des taux d'intérêt des obligations d'Etat est logique.

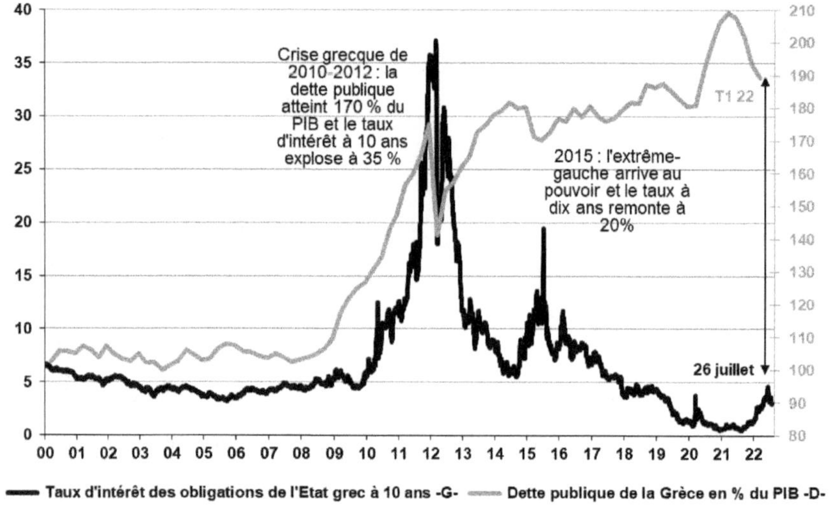

Sources : Eurostat, BCE, ACDEFI

L'Italie fait peur…

Sources : BCE, ACDEFI

17.
Marchés boursiers : Une correction salutaire.

Même s'ils essaient de sauver les meubles tant bien que mal, les marchés boursiers dévissent fortement depuis le début 2022. Sans véritable surprise, du moins pour ceux qui suivent nos prévisions et refusent le déni de réalité, le krach boursier est donc bien de retour !

Et c'est évidemment tant mieux ! Car, même si nous avons beau être habitués aux bulles, aux dérapages boursiers et à l'exubérance irrationnelle des marchés financiers au sens large, la folie qui s'est emparée de ces derniers pendant la bulle du numérique, puis celle de la pandémie a dépassé toutes les limites.

Ainsi, en dépit de la crise sanitaire, de la récession et des risques qui pesaient en 2020 et 2021, les marchés boursiers ont continué de croître dans le vide. Ainsi, qu'il s'agisse du Nasdaq, du Dow Jones, du Cac 40 ou encore du Dax 30, de nouveaux sommets historiques n'ont cessé d'être dépassés. Comme si la récession de 2020 n'avait pas eu lieu, que la pandémie n'avait jamais existé et que la flambée des dettes publiques et l'augmentation de l'inflation étaient des non-évènements...

Evidemment, les arguments justifiant la poursuite des bulles financières étaient nombreux. A commencer par la poursuite de politiques monétaires extrêmement accommodantes à travers le monde. La « planche à billets » apparaissait même sans limite, confortant les marchés dans un « paradis artificiel » confortable, mais aveuglant, donc très périlleux. De plus, les taux d'intérêt monétaires et obligataires demeurant artificiellement bas, ils renforçaient mécaniquement l'appétence pour tous les autres placements plus rémunérateurs.

Autrement dit, comme disait le Candide de Voltaire : tout paraissait pour le mieux dans le meilleur des mondes. Dans ce cadre, la grande majorité des économistes, des investisseurs et des observateurs financiers ont bâti leurs discours et leurs stratégies sur un simple adage « Vive la bulle et au diable la prudence ! »

Bien loin de la tentation du suivisme qui est telle que de nombreux prévisionnistes préfèrent avoir tort avec tout le monde plutôt que raison tout seul, je n'ai jamais adopté un tel discours. Pour la simple raison que cet aveuglement collectif était encore pire que celui qui prévalait en 2000-2001, juste avant l'éclatement de la bulle internet, ou encore lors de la situation *a priori* idyllique de 2006-2007, sans oublier celle de 2016-2017. Au cours de ces périodes « fastes », personne (ou presque) n'osait qualifier les évolutions extravagantes des marchés boursiers par le terme de bulle. Pourtant, tel était le cas, tout comme en 2021.

En effet, rappelons qu'une bulle est tout simplement un écart cumulatif et auto-entretenu entre la valeur financière des actifs financiers et leur valeur réelle, c'est-à-dire celle correspondant à la réalité économique. Si les excès de liquidités mondiales ont contribué à alimenter ces bulles, ils ne pouvaient cependant pas aller à l'encontre d'une loi physique incontournable : les arbres ne montent pas au ciel.

Et même si le ciel est très haut, les niveaux atteints par le S&P 500, le Cac 40 et *tutti quanti* en 2021 et jusqu'au tout début 2022 défiaient tout simplement l'entendement.

Soyons encore plus clairs : normalement les variables financières doivent refléter une réalité économique concrète et nous en étions alors très loin.

Le pire est qu'au-delà des gains de court terme et de la fuite en avant orchestrée par les dirigeants politiques et monétaires de la planète, ce désordre est devenu extrêmement dangereux dans la mesure où il a transformé les marchés financiers en un gigantesque casino. Encore plus grave, il a nui à l'essence même du capitalisme qui consiste à investir pour créer des entreprises, des richesses productives et de l'emploi.

En atteignant des niveaux extravagants, ces bulles n'ont fait qu'enrichir les plus aisés, tandis que les faillites des PME, le chômage et la pauvreté ont et vont encore augmenter. Disons-le encore plus clairement : ces bulles financières étaient indécentes, compromettant la stabilité économique, financière et sociétale des pays occidentaux. Il était donc grand temps que le bon sens reprenne enfin le dessus. Et c'est ce qui s'est produit au cours du premier semestre 2022.

En dépit de quelques tentatives de rebond, le S&P 500 a ainsi chuté de 23,6 % entre le début janvier 2022 et le plancher du 17 juin 2022, atteignant un plus bas depuis décembre 2020.

Quant au Cac 40, il a chuté de 21,4 % entre le début 2022 et le 5 juillet 2022, tombant à 5 794 points, un plancher depuis le 5 mars 2021.

La chute du Nasdaq est évidemment encore plus flagrante, pour ne pas dire effrayante. L'indice phare des valeurs de croissance américaines s'est ainsi effondré de 33,7 % entre novembre 2021 et juin 2022, atteignant un plancher depuis septembre 2020.

Un effondrement qui rappelle étrangement celui qui a suivi la bulle Internet, en l'occurrence - 78 %. Fin 2002, le Nasdaq revenait ainsi à son niveau de 1996, effaçant l'essentiel de la flambée Internet.

Ces corrections sont amplement justifiées, voire salutaires. Elles s'expliquent par quatre raisons principales. Bien sûr, la guerre en Ukraine et ses conséquences sur la stabilité géopolitique internationale et donc sur la croissance mondiale. Mais il ne s'agit là que de la partie émergée de l'iceberg. Autrement dit, même si, et nous l'espérons, la situation ukrainienne s'améliore, les indices boursiers continueront de baisser.

En effet, les trois autres raisons sont bien plus profondes et durables. Tout d'abord, comme nous l'avons explicité précédemment, la fin des « planches à billets » des banques centrales. Petit rappel : depuis le début de la pandémie, et initialement pour relancer la machine, les Etats ont fait exploser leurs dettes publiques, qui ont été directement financées par les achats de titres des banques centrales. Et ce pour des montants colossaux : plus de 4 500 milliards de dollars pour la Réserve fédérale américaine et plus de 4 000 milliards d'euros pour la BCE.

Certes, encore une fois, au printemps 2020, cette politique apparaissait justifiée : l'incendie de la pandémie faisait rage et il fallait tout faire pour l'éteindre. En revanche, en 2021, malgré la reprise et surtout en dépit de l'augmentation des prix, les Etats et les banques centrales ont continué leur fuite en avant. Une erreur qui a produit des effets dramatiques en termes de flambée inflationniste, avant même les dérapages engendrés par la guerre en Ukraine sur les cours des matières premières

Cette profusion de liquidités a effectivement permis de maintenir les taux d'intérêt proches de 0 %, incitant certains Etats à continuer d'augmenter leur dette, tout en gonflant une bulle de plus en plus exubérante sur les marchés boursiers.

Depuis quelques mois, face à la forte et durable augmentation de l'inflation des deux côtés de l'Atlantique, les banques centrales sont contraintes de mettre fin à l'ère de « l'argent magique » et c'est tant mieux ! Dès lors, privés de la morphine des banques centrales, les marchés boursiers se sont mécaniquement reconnectés à la réalité économique, et notamment au net ralentissement de la croissance mondiale.

Mais ce n'est pas tout, car la troisième grande raison qui explique la dégringolade boursière réside dans l'augmentation massive et logique des taux d'intérêt des obligations d'Etat. Comme nous l'avons vu dans le chapitre précédent, l'évolution de ces derniers fait effectivement froid dans le dos : nous sommes bien en train de vivre un nouveau krach obligataire qui continuera inévitablement d'alimenter le krach boursier.

Enfin, quatrième raison et non des moindres de la dégringolade boursière : la fin de la bulle du numérique (que nous détaillerons au chapitre 19) qui a été alimentée par les « planches à billets » mais aussi par la pandémie.

Autrement dit, ces chutes sont logiques, dans la mesure où elles ne font que corriger en partie les excès de l'année 2021. Elles devraient continuer pendant au moins six mois, le temps de digérer l'aveuglement des derniers trimestres. Cet ajustement s'observera d'ailleurs sur tous les marchés.

Mais attention, il ne faut surtout pas paniquer ! Les bulles et les krachs font partie de la vie normale des marchés boursiers. Il faut simplement savoir les regarder en face, patienter et faire preuve de bon sens.

D'ailleurs, une fois que le Cac 40 aura encore baissé de l'ordre de 10 à 15 %, il faudra commencer à faire ses emplettes : ce sera le bon moment pour profiter des soldes. En conclusion, oui, la chute des marchés boursiers de 2022 est salutaire, elle leur permet simplement de se reconnecter à la réalité économique pour repartir sur des bases plus saines en 2023.

Autre mouvement similaire de bulle et de dégonflement, celui observé sur l'euro/dollar que nous allons à présent détailler.

La bulle boursière devenait indécente.

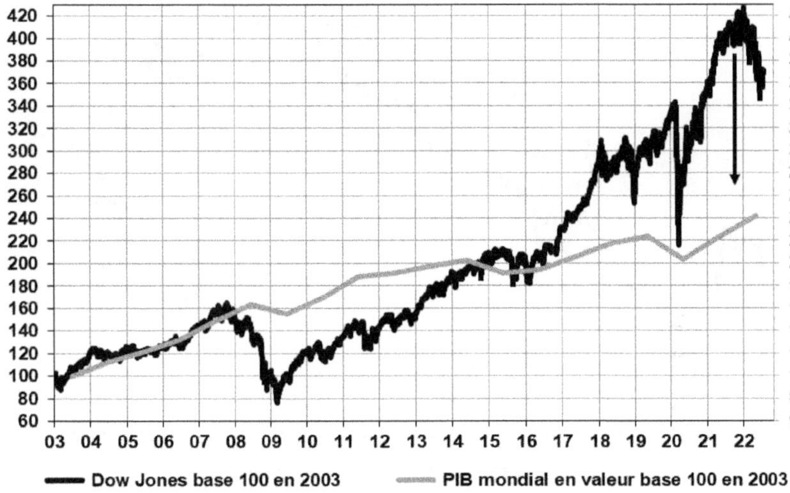

Sources : NYSE, FMI, ACDEFI

La remontée des taux d'intérêt a remis les pendules à l'heure.

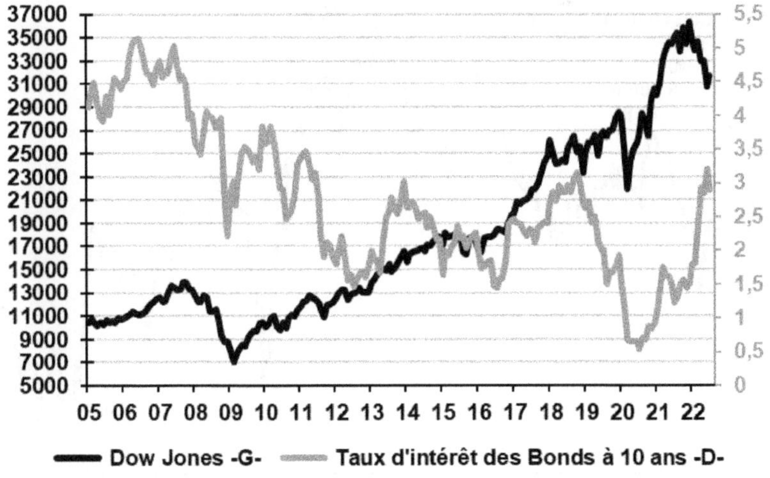

Sources : NYSE, Federal Reserve, ACDEFI

En dépit d'accalmies temporaires, le krach boursier s'est installé.

Sources : Euronext, S&P, ACDEFI

Le Cac 40 dans la tourmente.

Sources : Euronext, ACDEFI

18.
La dangereuse dépréciation de l'euro.

Alors qu'il culminait à 1,23 dollar le 6 janvier 2021, l'euro s'est logiquement déprécié depuis lors. D'abord à 1,17 dollar en mars 2021, avant de remonter à 1,22 en mai-juin, pour finalement se déprécier vers les 1,12 à mi-novembre et enfin s'effondrer à 1,04 dollar le 13 mai 2022, puis 0,9952 le 14 juillet, un plus bas depuis le 2 décembre 2002.

Où sont donc les économistes bien-pensants et par là même majoritaires qui, il y a encore quelques mois, soutenaient mordicus que le dollar devait s'effondrer durablement face à l'euro ? Les plus « courageux » d'entre eux n'hésitaient d'ailleurs pas à fixer des objectifs entre 1,20 et 1,30 dollar pour un euro. Fichtre ! A l'époque, avec notre prévision d'un euro/dollar qui devait inévitablement revenir vers les 1,05 dollar courant 2022, nous faisions sourire. Et pourtant…

Bien loin de nous enorgueillir de ce succès (nous tenons d'ailleurs à remercier les nombreuses personnes qui nous ont envoyé des messages de félicitation), nous tenons simplement à rappeler qu'à l'instar de toutes nos prévisions, celle de l'euro/dollar n'est pas sortie d'un chapeau. Et pour cause : mon équipe et moi établissons toutes nos anticipations uniquement sur la base des fondamentaux économiques et financiers. Ainsi, la baisse de l'euro sous les 1,10 dollar est justifiée et ne fait que valider la réalité des écarts économiques et financiers entre les Etats-Unis et la Zone Euro.

Avant de détailler les causes conjoncturelles de cette dépréciation, rappelons que le dollar est structurellement plus fort que l'euro, dans la mesure où il représente près de 65 % des réserves de changes mondiales, contre environ 20 % pour l'euro. De plus, 50 % des transactions commerciales dans le monde sont en dollars, alors que les Etats-Unis ne représentent que 11 % du commerce mondial. Autrement dit, les deux tiers du commerce en dollar ne sont pas américains.

En outre, la part de la Zone Euro dans le PIB planétaire en parités de pouvoir d'achat est passée de 22 % en 1980 à désormais moins de 12 %. Dans le même temps, celle des Etats-Unis a également reculé, mais de 21 % à 16 %.

Parallèlement, depuis 1995, la croissance de l'Oncle Sam a été presque constamment supérieure à celle de la Zone Euro. Et ce, y compris pendant la crise du Coronavirus, qui a été économiquement plus dévastatrice dans l'UEM qu'aux Etats-Unis.

Certes, au premier semestre 2022, le PIB américain a reculé alors que celui de la Zone Euro a continué de progresser. Cependant, au regard des indicateurs avancés de l'activité, il ne s'agit que d'un accident de parcours. D'ailleurs, il faut souligner que, depuis 1995, le PIB américain a progressé de 88 %, contre 47 % pour celui de la Zone Euro (évidemment hors inflation).

Confirmant ces écarts, il faut également souligner que le match de l'emploi est aussi largement à l'avantage de l'Oncle Sam, avec un taux de chômage harmonisé au sens du Bureau International du Travail de 3,6 % outre-Atlantique contre 6,8 % dans l'UEM.

Enfin, parachevant ces avantages du dollar face à l'euro, les écarts de taux d'intérêt sont également en faveur du billet vert. Et ce d'autant que la Réserve fédérale américaine a commencé à resserrer sa politique monétaire bien avant la BCE. De même, les écarts de taux d'intérêt des obligations d'Etat restent largement à l'avantage du dollar.

Autrement dit, la dépréciation de l'euro/dollar est à la fois logique et appelée à se poursuivre.

En temps normal, cette dépréciation pourrait être perçue comme une bonne nouvelle, notamment pour l'activité économique de la Zone Euro, qui en a tant besoin. En effet, le niveau normal de l'euro/dollar est d'environ 1,10 dollar pour un euro. Et ce, tant selon la parité des pouvoirs d'achat (PPA) que selon le taux de change naturel, dit Natrex. Ce dernier caractérise le niveau d'équilibre de l'euro/dollar en fonction des principaux fondamentaux économiques, tels que la croissance, l'inflation, l'épargne et la balance commerciale.

Dans ce cadre, la dépréciation de l'euro à 1,0 dollar devrait permettre de soutenir les exportations, mais aussi d'améliorer la compétitivité des produits nationaux vis-à-vis des produits importés, ce qui se traduira par davantage de parts de marché pour les premiers.

Enfin, elle devrait également favoriser les investissements étrangers dans l'UEM tout en réduisant les fuites de capitaux à l'extérieur de cette dernière.

Grâce à ces évolutions favorables, il est empiriquement démontré qu'une dépréciation annuelle de l'euro de 10 % se traduit par un gain de croissance de l'ordre de 0,5 point de PIB. Ce qui n'est certes pas énorme, mais, dans le contexte de faiblesse économique actuelle et surtout future, est toujours bon à prendre.

En revanche, compte tenu de la forte inflation ambiante, ces avantages risquent de fondre comme neige au soleil. En effet, la dépréciation de l'euro se traduit aussi et surtout par une augmentation des pressions inflationnistes importées. Or, plus d'inflation signifie moins de pouvoir d'achat, donc moins de consommation et de croissance, ce qui affaiblira de nouveau l'euro.

De plus, il ne faut pas oublier qu'un euro trop bas et *a fortiori* inférieur à un dollar pourrait également nuire à la crédibilité de l'UEM et susciter un mouvement de défiance à son égard. Dès lors, les taux d'intérêt des obligations de certains Etats, bien sûr grec, italien, mais aussi français, pourraient remonter encore bien plus haut qu'aujourd'hui, réactivant la crise de la dette publique, qui, tel un volcan temporairement endormi, pourrait se réveiller et devenir encore plus dévastatrice que par le passé.

De quoi souligner que si la baisse de l'euro/dollar pourrait apporter quelques effets bénéfiques sur la croissance eurolandaise, ceux-ci risquent rapidement d'être effacés non seulement par l'augmentation des tensions inflationnistes, mais aussi par l'émergence d'une crise politique majeure au sein de l'UEM. C'est triste à écrire, mais la frontière entre le paradis et l'enfer est parfois bien mince, en particulier en Europe.

L'écart de taux monétaires nettement à l'avantage du dollar.

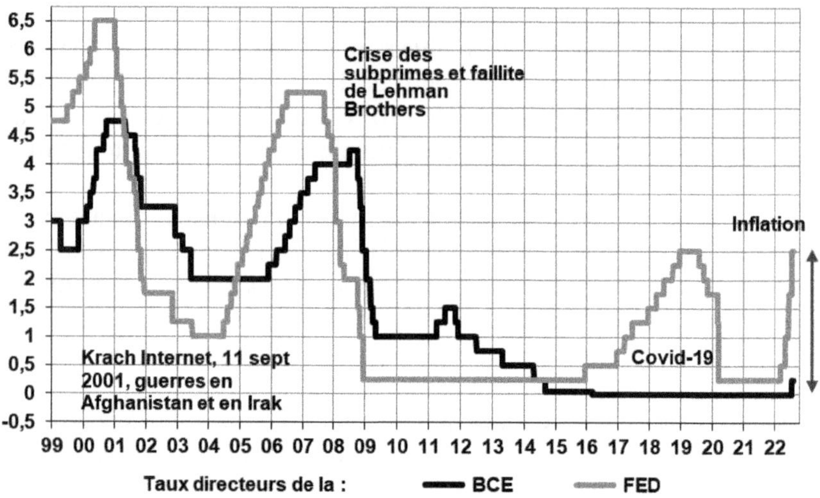

Sources : BCE, Federal Reserve, ACDEFI

La Zone Euro en retard de plus de 40 points de PIB.

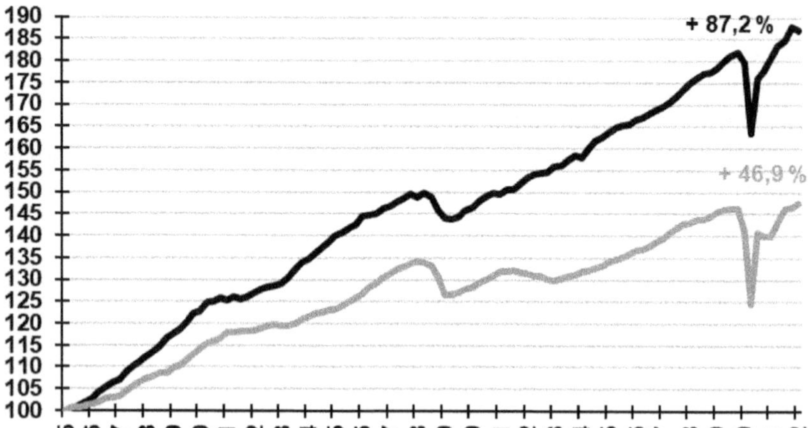

Sources : Eurostat, BEA, ACDEFI

EPISODE VII :

LA FIN DES EXUBERANCES.

19.
GAFAM, Licornes, Cryptos, NFT : Soyons sérieux !

Comme nous venons de le voir dans la partie précédente, le RESET de 2022 a en partie corrigé les excès du RESET de 2020-2021 sur les marchés obligataires, sur les bourses internationales et sur l'euro/dollar.

Il en a été de même sur ce qui était supposé changer le monde, c'est-à-dire sur les fameuses GAFAM (Google, Apple, FaceBook, Amazon, Microsoft), les licornes, les cryptomonnaies et les NFT.

Et même si elles font encore de la résistance et si certaines d'entre elles perdureront, ces valeurs ont dernièrement connu un phénomène de capitulation, que je qualifierai de salutaire.

Commençons justement par la bourse qui a vu éclore les GAFAM, à savoir le Nasdaq, également appelée bourse des valeurs de croissance. Depuis novembre 2021, les cours de la moitié des entreprises composant cet indice ont déjà baissé de plus de 50 %. Pour ceux qui ont vécu la bulle et le krach Internet un étrange air de « déjà vu » commence à s'imposer.

Souvenez-vous : de 1990 à mars 2000, le Nasdaq a explosé de 1 100 %. Pendant cette période, dès qu'une entreprise se disait de la « Nouvelle Economie », son cours flambait, plus les pertes étaient fortes plus les investisseurs y croyaient…

Moins de 20 ans plus tard, l'histoire se répète, mais cette fois-ci avec les entreprises dites du numérique : de mars 2009 à novembre 2021, le Nasdaq a bondi de 1 165 %. Depuis lors, il a chuté de plus de 33 %.

Dans cette « descente aux enfers », aucune des « superstars » d'hier n'a été épargnée.

Certes, les deux plus anciennes et aussi les deux plus solides, en l'occurrence Apple et Microsoft, ont limité les dégâts. Ainsi, après avoir flambé de 151,8 % entre mars 2020 et novembre 2021, l'action Microsoft n'a reculé « que » de 29 % par la suite, se situant encore sur des niveaux identiques à ceux de l'été 2021.

Encore mieux, après avoir explosé de 224,5 % entre mars 2020 et décembre 2021, l'action Apple a reculé de « seulement » 27 %, continuant de progresser d'environ 173 % entre mars 2020 et fin juillet 2022.

Dans une moindre mesure, il est également possible de dire que l'action Google (appelée Alphabet) a globalement bien résisté à la tempête, reculant de 30 % sur les 7 premiers mois de l'année 2022, mais après avoir progressé de 184 % entre mars 2020 et fin 2021. Elle se situe ainsi toujours autour de ses niveaux d'avril 2021.

En revanche, les deux dernières GAFAM emblématiques ont bien plus mordu la poussière. A commencer par Amazon qui a subi une chute de 44,6 % entre ses sommets de 2021 et son plancher du 14 juin 2022. Et même si le cours a légèrement rebondi par la suite, il reste sur des plus bas depuis avril 2020.

Un peu plus haut sur l'échelle de la déconfiture, le cours de l'action Meta (ex-Facebook) s'est effondré de 59,2 % entre septembre 2021 et le 22 juin 2022, tombant sur un plus bas depuis le 3 avril 2020. En dépit d'un petit rebond technique par la suite, le cours de Méta reste toujours sur des planchers depuis avril 2020.

Mais ce n'est encore « rien » comparativement aux chutes de Netflix, - 76 % depuis son sommet de novembre 2021, et bien sûr de Zoom : - 85 % entre le sommet d'octobre 2020 et le plancher du printemps 2022, au plus bas depuis janvier 2020.

Là aussi, si de légers rebonds se sont produits par la suite, les cours boursiers restent sur des plus bas depuis janvier 2018 pour Netflix et depuis janvier 2020 pour Zoom.

Eh bien oui : comme, fort heureusement, nous n'allons pas passer nos vies enfermés devant les écrans et que nous pouvons ressortir de chez nous presque normalement, la parenthèse des excès de la pandémie et de toutes ces flambées artificielles est terminée ! Ce n'est pas trop tôt !

En marge des valeurs du numérique, l'évolution de l'action Tesla depuis 2020 vaut également le détour. Et pour cause : entre mars 2020 et novembre 2021, cette dernière a flambé de 1 602 %, soit une explosion de 22 300 % depuis octobre 2012.

Son Price Earning Ratio (qui rapporte la valorisation boursière aux profits effectifs de l'entreprise) a alors atteint le niveau démentiel de 1 600.

Cela signifie que pour justifier une telle valorisation, il aurait fallu attendre 1 600 années de profits de Tesla.

Même si l'on voulait croire à la voiture électrique et à l'augmentation des profits de Tesla, ce niveau n'était vraiment pas raisonnable. Et ce d'autant que Tesla n'avait déjà plus le monopole de la voiture électrique.

Et ce qui devait arriver arriva : entre novembre 2021 et mai 2022, le cours de l'action Tesla s'est effondré de 48 %. Bien entendu, en dépit de cette baisse, il reste toujours largement supérieur à ses niveaux de début 2020 et *a fortiori* des années précédentes. Pour autant, il faut aussi penser aux investisseurs qui ont acheté l'action Tesla au sommet de la bulle. Ils doivent évidemment se mordre les doigts. En outre, la volatilité de cette action demeure extrêmement élevée, des hausses quotidiennes de 7 % pouvant suivre des chutes de 5 % et inversement. Il faut donc avoir le cœur bien accroché.

En outre, il ne faut pas oublier qu'actuellement, la capitalisation boursière de Tesla avoisine les 860 milliards de dollars, ce qui se traduit par un PER en forte diminution par rapport aux excès passés, mais qui se maintient tout de même autour des 100.

Dès lors, si l'on compare ces résultats à ceux des concurrents directs de Tesla, cette dernière est encore largement surévaluée.

Ainsi, la valorisation boursière de Toyota Motor est de 340 milliards de dollars et celle de Volkswagen de 90,5 milliards de dollars, ce qui se traduit par des PER très faibles de respectivement 10 et 3,5. De plus, n'oublions pas qu'en 2021, Toyota a vendu 10,5 millions de voitures, Volkswagen 8,9 millions et Tesla… 940 000. Même si les voitures Tesla sont formidables, il serait donc grand temps de remettre les pendules à l'heure.

Mais, pendant la folie boursière de 2021, il y a encore plus fort, ou plutôt plus fou que l'évolution du cours de Tesla. Ainsi, début janvier 2021, il a suffi qu'Elon Musk, justement le patron de Tesla et de SpaceX, écrive un tweet de deux mots « Use Signal » demandant de favoriser la plateforme Signal concurrente de Watsapp pour que le cours de l'action « Signal Advance » flambe de 11 560 % en 4 jours, passant de 0,60 dollar le 6 janvier 2021 à 70 dollars lors de la séance du 11 janvier !

Manque de pot, la plateforme de messagerie Signal n'était pas cotée en bourse. « Signal Advance » n'avait donc rien à voir avec le concurrent de Watsapp, puisqu'elle travaille dans le domaine de la santé... Son cours boursier s'est alors effondré de 92 % mais s'est ensuite étonnamment repris vers les 11 dollars, soit tout de même une hausse de 1 800 % depuis le 6 janvier. Depuis décembre 2021, le cours de cette action s'est néanmoins stabilisé autour des 0,40 dollar, soit encore moins que le 6 janvier 2021 à la veille de la flambée provoquée par le tweet d'Elon Musk.

Une bourde incroyable qui confirme qu'avec la pandémie et la bulle du numérique, de trop nombreux investisseurs sont devenus des moutons de Panurge, manquant dramatiquement de discernement et préférant suivre aveuglément des algorithmes et des robots financiers plutôt que de faire appel au bon sens économique...

Et, malheureusement, ces dérapages ne sont pas restés cantonnés aux entreprises cotées en bourse. Ils ont aussi concerné celles qui rêvent de l'être et que l'on a appelé des « licornes ». Ces dernières sont des entreprises naissantes ou en forte croissance, dénommées start-up et dont la valorisation a atteint ou a dépassé le milliard de dollars, généralement avant même d'être cotées sur les marchés boursiers.

Au plus fort de la bulle du numérique et jusqu'au début 2022, on a pu en recenser environ 800 à travers la planète. Petit problème, parmi elles, moins de 50 ont été au moins une fois profitables. Combien le seront-elles au final ? Personne ne le sait ! Mais l'heure de la fin des excès a désormais sonné ! Si bien que de plus en plus de licornes licencient massivement, voire disparaissent.

En effet, tant que « l'argent magique » coulait à flot, que les taux d'intérêt étaient à 0 % et que l'épargne en quête de rendements plus élevés flambait, toutes ces « licornes » n'avaient aucune difficulté pour trouver des sources de financement. Certains investisseurs se livraient même à une concurrence acharnée pour pouvoir « participer à l'aventure ».

Seulement voilà, avec la fin des « planches à billets », la remontée des taux d'intérêt et surtout le ralentissement économique et la confirmation que de trop nombreuses licornes ne gagneraient jamais le moindre dollar ou le moindre euro, le rêve est devenu un cauchemar.

Mais il y a encore plus fou ! Car, même si elles sont très vite devenues complètement irrationnelles, les bulles que nous venons de détailler s'appliquent à des entreprises, qui ont donc des actifs et sont plus ou moins réelles.

En revanche, avec la perte de l'échelle des valeurs liée à la pandémie et aux confinements, mais aussi avec la révolution du numérique qui paraissait capable de détruire complètement toutes les règles économiques de bon sens, les bulles se sont aussi appliquées à un monde de « l'irréel », dit virtuel, en l'occurrence celui des cryptomonnaies et des NFT.

Pour faire simple, ces nouveaux produits financiers ne se rapportent pas à une entreprise, comme les actions, ou à un Etat, comme les obligations du Trésor, mais à un code informatique complexe qui le rend infalsifiable et aussi indépendant de toute autorité ! Magnifique !

Et si le développement de ce monde parallèle paraissait complètement inimaginable il y a encore quelques années, avec la pandémie et les confinements forcés, il est très vite devenu un Eldorado, attirant de plus en plus d'investisseurs et de cerveaux.

Pour le montrer, juste trois faits incroyables.

1. Environ 10 000 cryptomonnaies ont été créées dans le monde en quelques années. Avec tout de même au moins 4 000 d'entre elles qui étaient des arnaques où les sommes investies par les épargnants avides de rendements élevés passaient directement de la main de ces derniers à celle d'escrocs invisibles et généralement intraçables...

2. En 2021, les start-up des cryptos ont vu affluer plus de 28 milliards de dollars, quatre fois plus qu'en 2020, dont 3 milliards rien que pour les NFT. Ces dernières désignent des « Non-Fungible Tokens » (en français jetons non-fongibles), qui sont des sortes de titres de propriété numériques réputés inviolables associés à un objet virtuel : cela peut être une image, une chanson, un fichier gif, une vidéo ou un tweet, mais cela se rapporte le plus souvent à une œuvre d'art virtuel et même à de l'immobilier virtuel.

En 2021, on a ainsi recensé plus de 2,7 milliards de dollars de ventes d'art contemporain en NFT.

Sur les plateformes du Métavers (monde virtuel), on peut même acheter des objets, des vêtements… en NFT, tout est virtuel, mais, en 2020 et 2021, les prix ont plus que flambé !

Un exemple sera bien plus illustratif que de longs discours : Inconnu aux enchères publiques quelques mois plus tôt, l'Américain Mike Winkleman, alias Beeple, 40 ans, est devenu en 2021 l'un des artistes vivants les plus chers. Celui-ci a été révélé aux yeux du public avec son premier NFT (« Everydays : The First 5 000 days »), vendu… 69,3 millions de dollars aux enchères pour un prix de départ de 100 dollars.

3. Selon une récente enquête du New York Times, en 2021, les grandes compagnies de la « tech » (les GAFAM et acolytes) ont connu un exode de

leurs meilleurs ingénieurs et dirigeants vers les start-up travaillant sur les cryptomonnaies et la blockchain.

Beaucoup y voyaient alors une opportunité de devenir très riche rapidement ou de participer à la prochaine révolution d'Internet.

Ces évolutions ont également eu des conséquences dangereuses sur le marché du travail, notamment aux Etats-Unis : Depuis 2020, 3 millions d'Américains ont quitté le marché du travail, et notamment les jeunes et les moins jeunes, qui ne veulent plus de travaux pénibles ou de bureau, mais gagnent beaucoup plus soit un travaillant dans le numérique, soit en spéculant sur les valeurs du numérique.

Et c'est là que le bât blesse, car, comme pour l'Internet à ses débuts, ou encore lors de chaque révolution technologique ou de chaque ruée vers l'or, il y a souvent une bulle et son dégonflement avec.

Ainsi, après les marchés obligataires, les bourses traditionnelles, celles des valeurs de croissance et les licornes, les crypto-actifs et les NFT ont aussi connu leur « descente aux enfers ».

Les chiffres parlent d'eux-mêmes : après avoir atteint 67 526 dollars le 8 novembre 2021, le bictoin a dégringolé de 30 % en 30 jours. Mais ce n'était rien par rapport à ce qui allait suivre. Dans la journée du 18 juin 2022, le bitcoin tombait ainsi à 17 611 dollars, soit un effondrement de 74 % depuis le pic de novembre 2021.

Bien entendu, même à 17 600 dollars, le bitcoin est bien plus élevé qu'au début 2020 et *a fortiori* qu'au cours des années précédentes. Bien entendu, le bitcoin fait désormais partie du décor et, au moment où j'écris ce livre, il vaut encore 22 000 dollars. Pour autant, ayons une pensée pour ceux qui en ont acheté au sommet de la bulle. Retrouveront-ils un jour leur mise ? En attendant, le bitcoin est tout sauf un placement de père de famille. Et si, par malheur, ce dernier s'est mis à en acheter massivement en 2021, il a certainement perdu en quelques mois l'épargne qu'il avait mis des années à constituer.

Et encore, le bitcoin est l'une des cryptomonnaies qui a le mieux résisté dans la tempête. L'Etherum a ainsi chuté de 78 % entre novembre 2021 et juin 2022, le XRP de 84 % depuis avril 2021, le Litecoin de 87 % depuis mai 2021, et le Dodge de 93 % également depuis mai 2021…

Même les « StableCoin » censés rester stables par rapport au dollar ont régulièrement perdu de leur valeur, parfois pendant plusieurs semaines.

Sans vouloir contrarier les adeptes de cette « nouvelle religion » qu'est le crypto-investissement, je soulignerai simplement en toute humilité que la prudence doit rester de mise.

Le bitcoin et les cryptomonnaies au sens large constituent effectivement une bulle presque aussi folle et dévastatrice que celle des tulipes hollandaises au 17ème siècle. Rappelons qu'au plus fort de cette bulle, le bulbe de tulipe valait l'équivalent d'un hôtel particulier à Amsterdam pour retomber à quelques florins après l'explosion de la bulle. De même, il n'existe aucune valeur économiquement justifiée pour les cryptomonnaies. Il n'y a donc aucune limite à la baisse de leur cours.

Elles ne sont finalement que des produits spéculatifs qui ne correspondent à aucune création de richesses et ne disposent par là même d'aucune garantie, ni de la fonction fondamentale de la monnaie, en l'occurrence celle de réserve de valeur.

Comme me disait dernièrement un féru de cryptomonnaies qui, après la tempête de 2022, ne croit cependant plus qu'au bitcoin *stricto sensu* : ce dernier constitue une sorte de « ticket de loto ». Il vaudra peut-être un jour très cher ou finira dans les oubliettes de l'histoire économique.

En outre, un jour certainement, les cryptomonnaies seront encadrées et légiférées (les banques centrales ont d'ailleurs commencé à s'y employer). On pourra alors peut-être y voir plus clair. Mais, en attendant, il faut continuer tout de même s'en méfier.

Quant aux NFT, l'heure est aussi à l'effondrement. A titre d'exemple, rappelons qu'initialement acheté pour la coquette somme de 2,9 millions de dollars américains, le NFT du tout premier tweet de l'histoire, émis par le cofondateur du réseau social, Jack Dorsey, ne vaut aujourd'hui qu'entre 30 et 1 000 dollars.

A l'évidence, pour ceux qui pensaient que les cryptomonnaies et les NFT étaient des « valeurs refuges », la douche est froide. Ils ne pourront cependant pas dire que nous ne les avions pas prévenus…

Le Nasdaq fer de lance de la bulle et du krach…

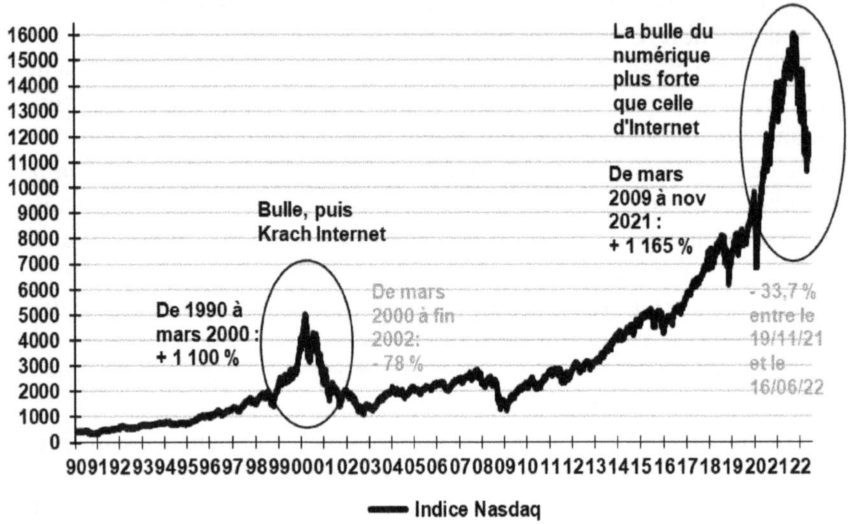

Sources : Nasdaq, ACDEFI

Facebook - Meta : plus dure est la chute !

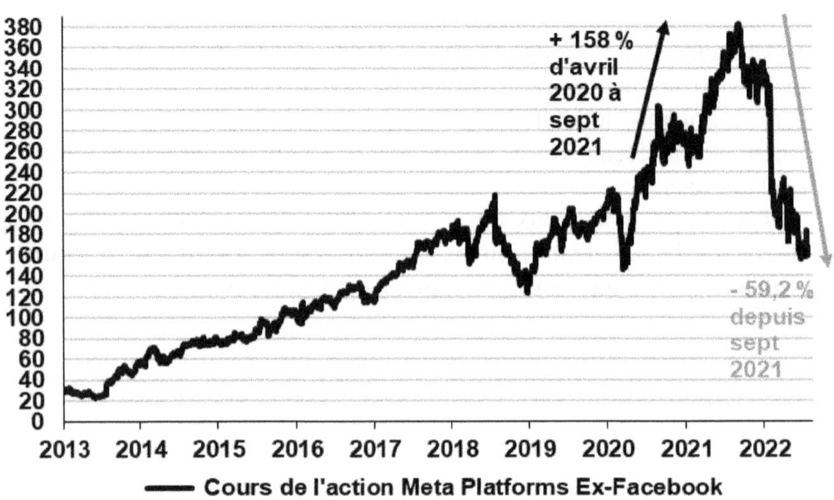

Sources : Nasdaq, ACDEFI

L'action Amazon retrouve ses niveaux d'avant-pandémie.

Sources : Nasdaq, ACDEFI

L'action Netflix au plus bas depuis la fin 2017.

Sources : Nasdaq, ACDEFI

La pandémie s'éloigne : Tant mieux pour l'Humanité, tant pis pour Zoom !

Sources : Nasdaq, ACDEFI

Bitcoin : - 74 % entre novembre 2021 et juin 2022.

Sources : Bitcoin, ACDEFI

20.
Immobilier en France : Quelle sera l'ampleur de la chute ?

Même si on l'oublie souvent, en particulier sur les marchés financiers et dans le secteur immobilier, il existe une règle immuable qui régule l'économie, la finance et même la vie au sens large, depuis toujours : les arbres ne montent pas au ciel !

L'effondrement des prix de l'immobilier français en 1991-1998 ou celui du marché américain lors de la crise des subprimes ou encore plus dernièrement de l'immobilier chinois dans le sillage de la faillite d'Evergrande l'ont encore prouvé.

Un tel dégonflement de bulle immobilière est-il aujourd'hui possible en France ? Même si ces exemples sont évidemment bien différents de la situation qui prévaut actuellement dans l'Hexagone, ils rappellent néanmoins une réalité incontournable, en l'occurrence celle de la soutenabilité de la dette.

En effet, la dette est souvent saine. Elle permet par exemple à un particulier d'acheter sa maison. S'il n'était pas possible de s'endetter, seuls des ménages très aisés seraient propriétaires. De même, une entreprise s'endette pour pouvoir investir et embaucher, de manière à se développer, gagner des parts de marché et générer du profit.

En revanche, ce qui est beaucoup plus problématique, c'est lorsque cette dette ne génère pas suffisamment de croissance, donc d'activité, de business ou encore de revenus, simplement pour assurer le paiement annuel des intérêts de la dette.

Dans ce cas, pour assurer ce dernier, il faut encore augmenter son endettement, qui devient alors explosif et se transforme en surendettement. Pire, cette situation finit par obliger le surendetté à vendre ses actifs, son patrimoine immobilier, voire ses propres biens, avec, en bout de course, la faillite. Le problème n'est donc pas la dette, mais la capacité de l'endetté à la rembourser, c'est-à-dire à la rendre supportable.

Dans ce cadre, compte tenu des niveaux des prix immobiliers hexagonaux qui ont continué de flamber, malgré la faiblesse des revenus, mais aussi de l'explosion de l'endettement des ménages français (à plus de 102 % de leur revenu disponible, un record historique), un dégonflement de la bulle immobilière française est inévitable.

Et à ceux qui continuent de nier l'existence d'une bulle sur l'immobilier français, il est primordial de rappeler qu'il y a bulle lorsque les prix des actifs vont trop loin par rapport à leur valeur réelle, c'est-à-dire économiquement justifiée. Certes, définir une valeur réelle de l'immobilier est une tâche ardue. Cependant, il existe des comparatifs qui permettent de jauger l'ampleur des bulles. Par exemple, l'évolution comparée des prix des logements anciens avec celle du PIB en valeur (c'est-à-dire augmenté de l'inflation) de la France et celle des revenus de l'ensemble des Français.

Or, du premier trimestre 1998 au premier trimestre 2022, les prix des logements anciens ont explosé de quasiment 212 %, tandis que le PIB français en valeur a progressé de seulement 92 %. A titre de comparaison, lors de la bulle immobilière française des années 1984-1991, les prix des logements anciens avaient flambé de 195 %, alors que, sur la même période, le PIB français en valeur n'avait progressé que de 60 %. Au cours des sept années suivantes, les prix des logements se sont effondrés de quasiment 30 %, retrouvant un écart de variation avec le PIB français en valeur plus modéré et de l'ordre de 20 %.

Pour retrouver un tel écart aujourd'hui, il faudrait que les prix des logements chutent d'au moins 35 %. C'est dire ce qui nous attend.

Et ce, d'autant que l'indice qui rapporte l'évolution des prix des logements à celle du revenu des ménages en France, dont la valeur moyenne de 1960 à 2019 était de 1,1, a continué d'augmenter ces dernières années, atteignant un nouveau sommet historique de 1,85 au premier trimestre 2022.

Il y a donc bien bulle et les dernières statistiques des professionnels de l'immobilier français montrent clairement que le dégonflement a déjà commencé.

En effet, que ce soient avec les statistiques des Notaires de France, d'Orpi, de Seloger ou de MeilleursAgents, trois grandes tendances se confirment.

Premièrement, les prix des logements anciens ne flambent plus. Certes, ils continuent d'augmenter, notamment dans les villes jusqu'à présent épargnées par la bulle. Selon SeLoger, le palmarès des glissements annuels des prix les plus élevés est ainsi le suivant : + 19,9 % à Bayonne, + 19,8 % à Dunkerque, + 19,7 % à Laval ou encore + 19,2 % à Saint-Nazaire.

Au niveau national, le glissement annuel des prix tombe cependant à + 0,2 %, toujours selon SeLoger, après une hausse annuelle de 7,1 % au quatrième trimestre 2021 selon les statistiques des Notaires.

Deuxième tendance de fond : dans certaines grandes villes, où les prix avaient particulièrement flambé ces dernières années, la baisse des prix a déjà commencé. Et ce en particulier à Paris. Selon les dernières statistiques trimestrielles des Notaires, les prix des logements anciens y ont reculé de 2,3 % entre le quatrième trimestre 2020 et le premier de 2022.

Selon MeilleursAgents, ils régressent même depuis neuf mois consécutifs. Du jamais vu depuis dix ans !

En moyenne, toujours selon MeilleursAgents, le prix du mètre carré parisien est ainsi passé de quasiment 11 000 euros lors de l'été 2021 à désormais légèrement au-dessus de 10 000 euros. A l'évidence, la douche est froide !

Encore plus grave et troisièmement, les ventes de logements anciens sont en train de s'effondrer : - 17 % sur un an au premier trimestre 2022 selon Orpi, ce qui marque un retour vers le niveau de 2018.

Selon Seloger, les ventes ont chuté de 9 % au printemps 2022 et se situent 22 % sous leur moyenne de longue période.

Cet effondrement s'explique à la fois par la faiblesse des biens à vendre, mais aussi par la baisse de la demande effective. Car si la demande potentielle est évidemment toujours forte, la demande effectivement solvable et crédible ne cesse de se réduire compte tenu de la flambée des prix des dernières années. Et si, jusqu'à récemment, l'écart croissant entre la hausse des prix et la faiblesse des revenus des ménages a pu être compensé par les niveaux artificiellement bas des taux d'intérêt, ce n'est désormais plus le cas.

En effet, compte tenu de la flambée inflationniste passée et à venir, de l'explosion de la dette publique, mais aussi de la fin progressive de la « planche à billets » de la BCE, les taux d'intérêt de la dette publique française ont augmenté tout à fait logiquement. Le taux d'intérêt à dix ans des obligations de l'Etat français est ainsi passé de - 0,03 % le 17 décembre

2021 à 2,4 % le 21 juin 2022, un plus haut depuis janvier 2014. Et même s'ils ont légèrement reculé depuis, ils restent proches des 2 %.

Dans ce cadre, après s'être stabilisé autour de 1,0 % de mars 2021 à janvier 2022, le taux moyen des crédits immobiliers aux particuliers sur 20 ans (hors assurances) est monté à 1,9 % en juin-juillet 2022, un sommet depuis 2016. Et ce n'est évidemment qu'un début. Autrement dit, celui-ci va encore augmenter non seulement pour répercuter la hausse récente des taux obligataires, mais aussi parce que les banques commencent à sérieusement resserrer leurs conditions d'octroi de crédit.

Selon Empruntis, de plus en plus de crédits immobiliers sur 20 ans se négocient déjà avec des taux d'intérêt de 2,6 % (toujours hors assurance).

Selon nos estimations, le taux d'intérêt à dix ans des obligations de l'Etat français pourrait avoisiner les 3,5 % d'ici le début 2023, ce qui se traduirait par une augmentation du taux moyen des crédits immobiliers vers les 4,5 %.

Or, si les taux d'intérêt des crédits augmentent, l'écart entre le niveau des prix immobiliers et les revenus des ménages devient de plus en plus insoutenable, ce qui suscite inévitablement une baisse de la demande de logements et une chute des prix par la même occasion.

Et ce, sans parler des ménages en difficulté qui devront malheureusement vendre leur bien immobilier pour raison de surendettement. N'oublions effectivement pas que le taux d'endettement des ménages français a atteint un nouveau record historique de 102,1 % de leur Revenu Disponible au quatrième trimestre 2021. A titre de comparaison, ce taux d'endettement des ménages n'était que de 55 % en France en 2000. Et il est actuellement est de 92,1 % en Allemagne et de 64,6 % en Italie.

De nombreux ménages français se sont donc mis en danger et ne pourront pas supporter le retour de la stagflation (c'est-à-dire, rappelons-le, d'une situation de stagnation économique et d'inflation élevée), qui a d'ailleurs déjà commencé.

Dans ce cadre, les prix des logements anciens devraient baisser d'au moins 15 % d'ici un an en moyenne sur l'ensemble du territoire français.

Si cette perspective fait peur à certains, il est toutefois utile de rappeler que la baisse des prix est loin d'être une mauvaise nouvelle. Elle pourrait même au contraire s'avérer salutaire, ne serait-ce que pour redonner de la solvabilité à une demande fragile.

Les agents immobiliers ont d'ailleurs tout intérêt à ce que les prix reculent modérément, de manière à augmenter le nombre de transactions plutôt que de voir les prix continuer de monter avec de moins en moins d'opérations.

De plus, une fois la correction passée et la bulle dégonflée, l'immobilier français pourra repartir sur des bases plus saines. Ce qui signifie que les prix remonteront progressivement. Comme toujours, l'immobilier restera donc une valeur refuge et un placement porteur à moyen terme.

Il a simplement besoin d'un « Reset » pour pouvoir se reconnecter à la réalité économique et repartir sur des fondamentaux plus robustes.

La bulle immobilière française n'en finit plus…

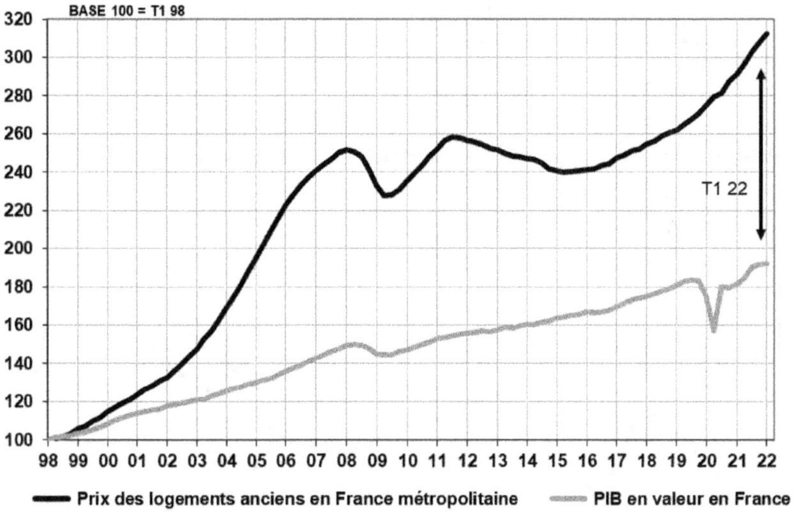

Sources : INSEE, ACDEFI

La dette des ménages atteint 102,1 % de leur revenu disponible brut.

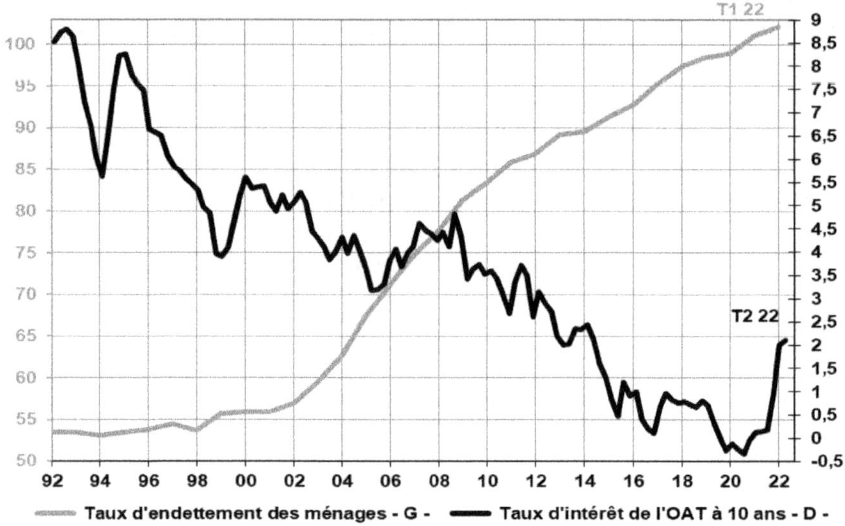

Sources : BdF, ACDEFI

La bulle ne résistera pas à l'augmentation des taux d'intérêt.

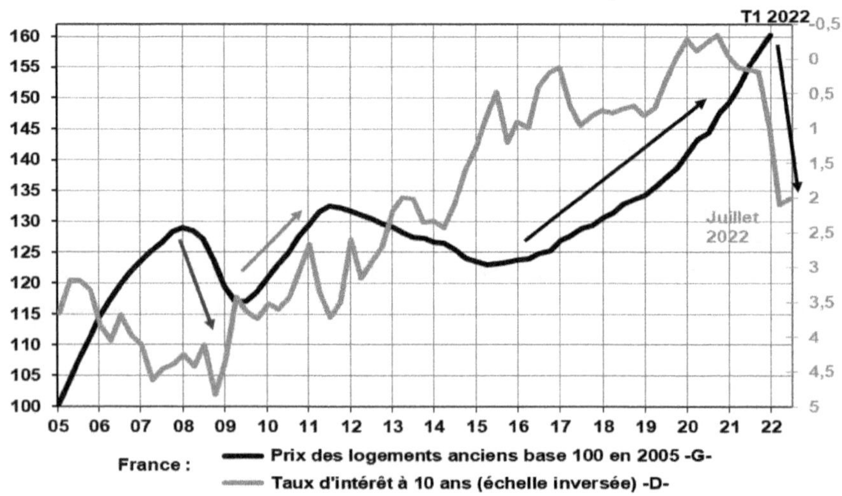

Sources : INSEE, BdF, ACDEFI

21.
Bourse, or, immobilier : Quel est le meilleur placement ?

C'est la question que tous les épargnants et investisseurs se posent en permanence : quel est le meilleur placement sur long terme (c'est-à-dire sur au moins 8-10 ans) tant en matière de rentabilité que de fiabilité ? Cette question est d'autant plus importante actuellement que, depuis la pandémie, l'épargne des particuliers a flambé dans la totalité des pays développés, et en particulier dans l'Hexagone.

Au cours des deux dernières années, et selon les statistiques très officielles de la Banque de France, l'épargne des Français a ainsi augmenté de plus de 369 milliards d'euros, atteignant un encours total de 6 025 milliards d'euros. Et ce, sans compter le patrimoine immobilier net (c'est-à-dire hors dette) des ménages français qui avoisine les 8 500 milliards d'euros. Au total, le patrimoine total de ces derniers se rapproche donc des 14 500 milliards d'euros.

C'est d'ailleurs cette manne associée aux « planches à billets » extravagantes des banques centrales à travers le monde qui ont permis, entre autres, d'alimenter les bulles financières un peu partout, et notamment sur les marchés obligataires, boursiers, immobiliers et des cryptomonnaies. Seulement voilà, il ne faut jamais oublier la règle de bon sens de la finance et de l'économie selon laquelle plus le rendement augmente, plus le risque augmente.

Dès lors, le seul moyen véritable d'obtenir un rendement appréciable, tout en limitant la prise de risque c'est en investissant sur le long terme. En effet, sur une ou deux années et *a fortiori* sur quelques mois, il est fort probable de subir des crises, des krachs et de ce fait de voir son épargne fondre. A l'inverse, sur le long terme, il est possible de digérer ces tempêtes et donc de préserver son épargne. D'où l'importance d'investir sur une longue période.

Pour aller à l'essentiel, je me focaliserai sur trois grands types de placements à faire sur le long terme où, normalement, nous sommes sûrs de gagner, ou du moins de ne pas perdre : la bourse, l'or et l'immobilier. Le problème est qu'aujourd'hui, ces trois vecteurs d'investissement sont très chers. Ils risquent donc de subir une correction baissière à court terme qui sera néanmoins contrecarrée sur plus longue période. D'où, une fois encore, l'intérêt d'investir sur au moins 8 à 10 ans.

Cette tempête de court terme sera notamment dangereuse sur les marchés boursiers qui n'ont absolument pas pâti de la récession de 2020. Pour la première fois depuis sa création en 1897, le Dow Jones, l'indice phare de la bourse américaine et pour lequel nous disposons de statistiques séculaires, n'a pas baissé lors d'une crise économique et a même continué de progresser. Mais ce n'était que pour mieux reculer en 2022.

Pour autant, cette correction ne sera que passagère et la remontée ne tardera pas. Selon une étude du Crédit Suisse Research Institute en collaboration avec la London Business School et l'Université de Cambridge, qui porte sur 23 marchés nationaux, il n'y a d'ailleurs pas de quoi s'inquiéter : au cours des 120 dernières années, les actions mondiales ont affiché un rendement réel (corrigé de l'inflation) annualisé de 5,2 % contre 2 % pour les obligations et 0,8 % pour les bons du Trésor. Si l'on se réfère à la seule dernière décennie, les rendements réels annualisés ressortent à 7,6 % pour les actions et 3,6 % pour les obligations. A l'évidence, il n'y a pas photo.

De plus, n'oublions pas également que les actions sont particulièrement intéressantes dans la mesure où elles distribuent des dividendes. Par exemple, si le Cac 40 n'a atteint les 7 000 points qu'à la fin 2021, soit 21 ans après les avoir frôlés lors de la bulle de 2000, l'indice Cac 40 GR (Gross Total Return), c'est-à-dire avec dividendes intégrés et réinvestis, n'a cessé de dépasser des sommets historiques, réalisant dernièrement une progression de plus de 80 % comparativement à ses précédents plafonds de 2000 et 2008.

Pour autant, dans la mesure où les marchés boursiers risquent de dévisser à court terme et où la forte inflation est partie pour durer, il pourrait être plus prudent d'investir également sur une valeur refuge comme l'or. Et ce d'autant que le métal jaune reste l'un des meilleurs placements sur long terme. C'est notamment ce que montre un récent rapport d'investigation élaboré par Nicolas Delourme et publié aux Editions Jean de Portal. Selon cette étude réalisée sur 50 ans, l'avantage des placements sur l'or est double. D'une part, un rendement élevé. D'autre part, l'assurance d'au minimum récupérer sa mise pour tout investissement sur l'or pendant au moins 10 ans. Au cours des vingt dernières années, le rendement annuel moyen du métal jaune est ainsi de 8,7 %, contre 3,2 % pour le Cac 40 dividendes compris, 2,5 % pour l'assurance-vie et 1,8 % pour le livret A.

Pour celles et ceux qui le souhaitent, vous pourrez consulter gratuitement la version condensée de cette étude avec l'URL https://www.jeandeportal.fr/invite/marctouati ou avec le code Invité MTOUATI sur jeandeportal.fr, j'en profite pour les en remercier.

Cependant, n'oublions pas que dès que les bulles boursières et l'inflation s'estomperont, les cours de l'or pourront repartir en légère baisse. Autrement dit, il faut en avoir dans son portefeuille, mais pas trop non plus. Disons 15 % maximum. Ce que j'ai coutume d'appeler « une poire pour la soif ».

Dans ce cadre, il paraît essentiel de souligner que l'immobilier reste le meilleur placement sur le long terme. En particulier pour ceux qui occupent le logement qu'ils ont acheté en tant que résidence principale. Les études (notamment de l'INSEE) sont d'ailleurs formelles : les ménages ayant acheté leur résidence principale sont les mieux protégés contre les revers de fortune et la pauvreté.

Certes, les prix de l'immobilier sont très élevés et risquent de baisser de l'ordre de 15 % à 20 % dans les trois prochaines années, principalement dans les grandes villes françaises. Néanmoins, une fois le dégonflement de la bulle passée, les prix de l'immobilier repartiront à la hausse. En outre, en dépit de leur remontée logique, les taux d'intérêt des crédits demeurent relativement bas, notamment comparés à l'inflation. Dans ce cadre, chaque Français sera bien plus gagnant en devenant propriétaire qu'en restant locataire. Et ce d'autant que la seule plus-value qui échappe à l'impôt en France est celle réalisée sur sa résidence principale.

En conclusion, le meilleur placement de long terme reste l'achat de sa résidence principale, auquel on pourra évidemment adjoindre une épargne de long terme sur les actions et l'or, tout en gardant éventuellement un peu d'épargne de précaution, type livret A, au cas où. Bons investissements !

En intégrant les dividendes, le Cac 40 est très profitable à long terme.

Sources : Euronext, ACDEFI

Sur 20 ans, l'or demeure le placement le plus rentable.

	Livret A	Assurance Vie	Cac40 + dividendes	Or
Depuis 20 ans	+ 1,8 %	+ 2,5 %	+ 3,2 %	+ 8,7 %
Depuis 10 ans	+ 1,1 %	+ 2,0 %	+ 7,5 %	+ 3,9 %
Depuis 5 ans	+ 0,7 %	+ 1,6 %	+ 7,4 %	+ 9,7 %

Sources : Rapport d'investigation de Nicolas Delourme, publié aux Editions Jean de Portal, disponible avec l'URL : https://www.jeandeportal.fr/invite/marctouati

Episode VIII :

La France au bord du gouffre.

22.
France : Vers une crise « à la grecque » ?

Comme cela était malheureusement prévisible, la dette publique française a atteint un nouveau sommet historique au premier trimestre 2022. En l'occurrence, 2 901,8 milliards d'euros.

Comme je l'annonce depuis des mois, la barre des 3 000 milliards d'euros sera ainsi bientôt dépassée, tout comme celle des 120 % du PIB. Au plus tard d'ici la fin 2022.

Depuis le début 2020, notre dette publique a d'ores et déjà explosé de 526,9 milliards d'euros !

Et tout ça pour quoi ? Pour une hausse du PIB de 95,8 milliards d'euros inflation comprise !

Oui, vous ne rêvez pas : pour obtenir une hausse du PIB de seulement 95,8 milliards d'euros, l'Etat français au sens large a augmenté sa dette de quasiment 527 milliards d'euros !

Depuis le troisième trimestre 2017, le grand écart entre ces deux variations donne également le vertige : + 630,1 milliards d'euros pour la dette publique, contre + 256,9 milliards d'euros pour le PIB.

A l'évidence, il aurait été difficile de faire pire !

Le drame est que ce décalage entre la flambée de la dette publique et la faiblesse de l'augmentation du PIB n'est pas nouveau et n'a fait que s'aggraver depuis la fin des années 1990.

Là aussi, quelques chiffres nous permettront de mieux comprendre l'étendue de la catastrophe.

Début 1996, la valeur du PIB annuel français était ainsi de 1 228 milliards d'euros et la dette publique de 703 milliards d'euros, soit un écart à l'avantage du PIB de 525 milliards d'euros. Cet écart est resté à peu près le même jusqu'en 2008.

Mais malheureusement, il a ensuite fondu comme neige au soleil. A tel point qu'il est devenu négatif en 2017, pour ensuite se stabiliser en moyenne autour des 36 milliards d'euros à l'avantage du PIB jusqu'à la fin 2019, avant de repasser dramatiquement à l'avantage de la dette publique.

Si bien qu'au premier trimestre 2022, la valeur de cette dernière dépasse celle du PIB pour un montant de 367,2 milliards d'euros. Encore une fois, il n'y a donc vraiment pas de quoi s'enorgueillir.

Et ce, d'autant que la France est le seul pays de la Zone Euro à avoir autant augmenté sa dette publique. Elle a ainsi conforté son rôle de premier fournisseur de dette publique de l'UEM, avec une part de 24,2 % du total, contre par exemple 23,1 % pour l'ancien numéro un, l'Italie, et 20,3 % pour l'Allemagne.

Mais il y a pire, car, au cours des dernières années, plus le poids de la France dans la dette publique de la Zone Euro a augmenté, plus son poids dans le PIB de cette dernière a baissé. De 2012 à 2021, le premier est ainsi passé de 21 % à 24,2 %, tandis que le second est tombé de 21,3 % à 20,3 %.

A titre de comparaison, sur cette même période, le poids de l'Allemagne dans la dette publique de l'UEM a diminué de 25,5 % à 20,3 %, tandis que son poids dans le PIB de l'UEM a augmenté de 27 % à 29,4 %. De quoi rappeler que l'augmentation de la dette publique est très loin d'être une garantie de réussite économique et qu'elle est au contraire un handicap majeur à court et long terme.

Et si jusqu'à récemment, la « planche à billets » de la BCE a permis de masquer la réalité du coût de la dette, l'heure du paiement de la facture va bientôt sonner. D'ailleurs, comme nous l'avons vu précédemment, ces dérapages commencent déjà à produire leurs effets sur les taux d'intérêt des obligations d'Etat qui augmentent de plus en plus fortement, engendrant un risque majeur pour l'avenir de notre économie. A force d'avoir joué avec le feu, on se brûle. Il serait bon que les dirigeants politiques français et celles et ceux qui souhaitent le devenir le comprennent enfin !

Mais ce n'est malheureusement pas tout !

En effet, dans la mesure où l'inflation est devenue incontrôlable, les perspectives d'activité ont fortement baissé depuis juin dernier. Les indices INSEE du climat des affaires et ceux des directeurs d'achat sont sans équivoque : le glissement annuel du PIB français va tendre vers zéro au cours des prochains trimestres.

Encore plus inquiétant, l'indice INSEE de confiance des ménages a enregistré sept mois consécutifs de baisse. Et ce, y compris au lendemain de l'élection présidentielle de mai 2022. Or, depuis que cette enquête existe dans son format actuel, l'indice de confiance des ménages a toujours augmenté après l'élection ou la réélection d'un Président de la République. Chirac I et II, Sarkozy, Hollande et Macron I y ont eu droit. Certes, quelques mois plus tard, la confiance des ménages est presque toujours repartie à la baisse. Mais, le temps d'un mois ou deux, peut-être au gré d'un certain espoir ou de la fin d'une incertitude sur le nom du Président, la confiance des ménages a toujours augmenté. Toujours, sauf pour la réélection d'Emmanuel Macron. Ainsi, non seulement, elle n'a pas progressé mais elle a même continué de baisser, tant en mai qu'en juin et même en juillet 2022.

Avec un niveau de désormais 79,5, elle se situe 11 points en-deçà de son plancher du printemps 2020 en plein confinement généralisé, et 9 points sous son précédent plus bas de la crise des « gilets jaunes ». En fait, cet indicateur avancé de la consommation des ménages n'est plus qu'à 0,9 point de son plancher historique de juin 2013 c'est-à-dire en pleine crise de la dette publique européenne et en période de graves risques d'attentats.

Dans ce cadre, il ne faut pas se voiler la face : la France est tombée en récession dès le début de l'été 2022 et y restera certainement jusqu'à la fin 2022, ce qui se traduira par plus de chômage, plus de déficit et plus de dette, mais aussi avec plus d'instabilité sociale et sociétale… Des piètres résultats qui se sont imposés malgré l'explosion de la dette et des dépenses publiques, qui semblent donc avoir produit les effets inverses de ceux qui était escomptés par les dirigeants du pays.

Ce qui est encore plus incroyable c'est que malgré ces évidences, quasiment tout le monde se fiche de la dette publique.

D'ailleurs, comme tous les ans depuis environ deux décennies, la Cour des Comptes vient de lancer une alerte sur le dérapage de la dette publique française et plus globalement des comptes publics de la France. Et ce, quasiment dans l'indifférence générale, là aussi comme d'habitude. Ainsi, la dette publique française a beau battre des records historiques de trimestres en trimestres, personne ne s'en inquiète. D'ailleurs, comme cela s'était déjà observé lors des quatre campagnes présidentielles précédentes, la dette publique a été quasiment oubliée des programmes des candidats et des débats de la Présidentielle de 2022, qui sont, comme d'habitude, restés au ras des pâquerettes.

Qui se souvient du moment où la dette publique française a atteint 80 % du PIB ? Certainement pas grand monde. Ce n'est pourtant pas si vieux puisqu'il s'agit du troisième trimestre 2009. A l'époque, cette barre était présentée comme fatidique et devait, soi-disant, inciter les dirigeants du pays à tout faire pour stopper l'hémorragie. Et ce, d'autant qu'au quatrième trimestre 2007, ce ratio n'était « que » de 64,5 %.

Il était alors de bon ton de penser que ce dérapage était dû à la crise de 2008-2009 et que désormais la dette publique allait être, sinon stoppée, du moins freinée. Comme je le craignais à l'époque, il n'en a évidemment rien été. En effet, bien loin de la prise de conscience salutaire, les dirigeants politiques français ont continué leur gabegie de dépenses publiques, sans aucune efficacité, c'est-à-dire sans parvenir à redresser la croissance économique structurelle.

Avec la pandémie de Covid 19 et le fameux « quoi qu'il coûte » financé par la « planche à billets » de la BCE, la situation a évidemment empiré, mais toujours dans l'indifférence générale.

Et encore, pour ne pas affoler les foules, l'usage veut que l'on compare la dette publique au PIB. Ce qui n'a finalement pas grand sens, puisque tout le PIB n'est pas complètement public (encore heureux !). Il parait donc plus opportun de la rapporter aux recettes publiques, histoire de se rapprocher d'un ratio « dette / chiffre d'affaires ». Et là, avant de prendre connaissance de ce chiffre, il faut s'asseoir pour ne pas tomber, car ce ratio est actuellement d'environ 240 % !

Mais, ce n'est pas tout, car, au-delà de ces chiffres qui donnent le vertige, le vrai danger réside dans l'augmentation presque exponentielle de ces derniers. Ainsi, en 1980, la dette publique n'était que de 20,7 % du PIB et 45,4 % des recettes publiques. Dix ans plus tard, c'est-à-dire en 1990, la dette publique progresse mais reste encore limitée à 35,2 % du PIB et à 75 % des recettes publiques. En 2000, en dépit des efforts réalisés pour entrer dans la Zone Euro et malgré la croissance forte des années 1998-2000, la dette publique monte à nouveau, pour atteindre 59 % du PIB et 117,8 % des recettes publiques. Présentés alors comme des sommets, ces niveaux vont pourtant être pulvérisés au cours des années suivantes, pour atteindre les pics actuels, qui ne sont malheureusement qu'une étape vers d'autres plus hauts.

Il faut donc être clair : la France est aujourd'hui en danger et risque ainsi de subir le sort de la Grèce en 2010-2015. Evidemment certains trouveront forcément la comparaison excessive. Et c'est bien là qu'est le danger. Car, à force de nous croire intouchables et inattaquables, nous avons, ou plutôt les dirigeants de notre « belle France » ont refusé de moderniser cette dernière et de mener les réformes indispensables. Bien loin de cette démarche courageuse, ils ont préféré augmenter les dépenses publiques, les impôts et bien sûr la dette publique qui se rapproche de plus en plus des 120 % du PIB.

Certes, au cours des dernières années, cette frénésie de dépenses et de dettes a été masquée par la « planche à billets » pléthorique de la BCE, qui a donc acheté notre dette et celles des autres pays de la Zone Euro plus que de raison, maintenant les taux d'intérêt des obligations d'Etat artificiellement bas. Seulement voilà, comme nous l'avons expliqué plus haut, cette profusion « d'argent magique » a alimenté l'inflation, imposant aux banques centrales d'arrêter leur « fuite en avant ». Autrement dit, l'heure est désormais au retour de bâton et au paiement des factures. Ainsi, avant même la crise politique qui est en train de s'installer en France, la dette publique stratosphérique et la flambée inflationniste ont engendré une forte augmentation des taux d'intérêt des obligations d'Etat. Comme nous l'avons vu en détail dans le chapitre 16, la France est ainsi tombée dans son plus grave krach obligataire depuis 1994.

Alors, bien sûr, la France n'est pas la Grèce. Elle dispose de plus d'actifs et d'une économie plus imposante. Pour autant, dans la mesure où plus de 50 % de sa dette publique est détenue par des non-résidents, elle subira forcément de plein fouet la sanction des investisseurs en cas de grave crise politique. Cela se traduira notamment par de nouvelles augmentations des taux d'intérêt des obligations d'Etat, et par là même des taux de crédit que doivent payer les ménages et les entreprises. Ce qui se traduira immanquablement par l'aggravation de la récession et l'envolée du chômage.

C'est alors que le spectre de la faillite de l'Etat français reviendra sur le devant de la scène.

Pour le comprendre, il suffit d'avoir le courage d'ouvrir les yeux sur l'actif net de l'État français. Cette notion est assez simple : elle représente l'actif de la puissance publique française duquel on soustrait sa dette.

D'un point de vue comptable, si un agent économique a une dette supérieure à ses actifs, cela signifie que son actif net est négatif, et qu'il est alors en situation d'insolvabilité. En d'autres termes, même s'il vend tous ses actifs, il ne peut pas rembourser toutes ses dettes. A moins de trouver un financier extérieur, également appelé « chevalier blanc », il sera bientôt mis en faillite.

À cela, certains objectent que si cette situation peut entièrement se comprendre pour une entreprise, elle ne semble pas devoir s'appliquer à un État. En effet, un État dispose généralement d'un horizon de temps très long et n'aura pas à rembourser sa dette en une seule fois, sauf en situation de guerre. Pour autant, lorsque son actif net est négatif cela signifie que ce dernier ne dispose plus de marge de manœuvre pour augmenter sa dette et relancer la machine en cas de crise.

Or, c'est exactement ce qui s'observe pour l'Etat français depuis 1995. Les chiffres de l'INSEE sont imparables. En 1995, l'actif net de l'Etat était déjà de - 181,6 milliards d'euros. En 2020, toujours selon les statistiques très officielles de l'INSEE, il était de - 1 832 milliards d'euros. A l'évidence, ça calme !

Cependant, jusqu'à récemment, il était encore possible de dire qu'avec le patrimoine de toutes les administrations publiques (c'est-à-dire l'Etat + les collectivités locales et sociales), la situation était moins catastrophique. Ainsi, en 2007, toujours selon la méthode de valorisation des actifs de l'INSEE, l'actif net de toute la puissance publique française était de + 1 127 milliards d'euros. Ouf !

Mais, attention, ne crions pas victoire trop vite. Car, avec le temps et la flambée inconsidérée de la dette publique française, l'actif net de notre puissance publique a fondu comme beurre au soleil. Ainsi, en 2020 (dernier chiffre officiel disponible), il n'était plus que de + 192 milliards d'euros.

Et, malheureusement, en 2022, selon les estimations de mon cabinet ACDEFI, cet actif net devrait devenir négatif et avoisiner les - 10 milliards d'euros. Autrement dit, même en vendant tous leurs actifs (les immeubles, les musées, les forêts, les actions d'entreprise, la Joconde…), les administrations publiques au sens large ne pourront pas combler leur endettement.

Bien sûr, en dépit de cette cinglante réalité, il est encore possible de souligner que le principal actif de l'État français n'est pas mesurable, puisqu'il s'agit de sa capacité à lever l'impôt. Il est vrai que la France peut encore s'appuyer sur d'importantes recettes fiscales, notamment liées aux performances de ses entreprises et à une richesse patrimoniale conséquente des citoyens français. Ces deux « vaches à lait » permettent donc à l'État de ponctionner encore et encore, du moins jusqu'à épuisement, ce qui risque de se produire dans quelques trimestres, voire quelques mois.

Dès lors, la négativité de l'actif net de l'Etat français sera mise en exergue. Celui-ci perdra encore en crédibilité et verra les taux d'intérêt de ses emprunts flamber, ce qui ne manquera pas de casser encore un peu plus l'investissement, la croissance et l'emploi. C'est à ce moment-là que la faillite potentielle de l'Etat français deviendra celle de la France dans son ensemble et qu'une crise financière « à la grecque » deviendra inévitable.

Dans ce cadre, après une légère accalmie passagère en correction de la flambée des semaines précédentes, les taux d'intérêt des obligations d'Etat vont encore nettement augmenter tant en France que dans l'ensemble de la Zone Euro. Les marchés boursiers en prendront évidemment ombrage.

Quant à notre épargne, elle demeure menacée par tous ces excès mais aussi par la tentation toujours très forte de l'Etat français à encore augmenter les impôts et taxes qui pèsent sur l'épargne et le patrimoine des Français. Il faut donc rester vigilants.

France : en route pour la récession.

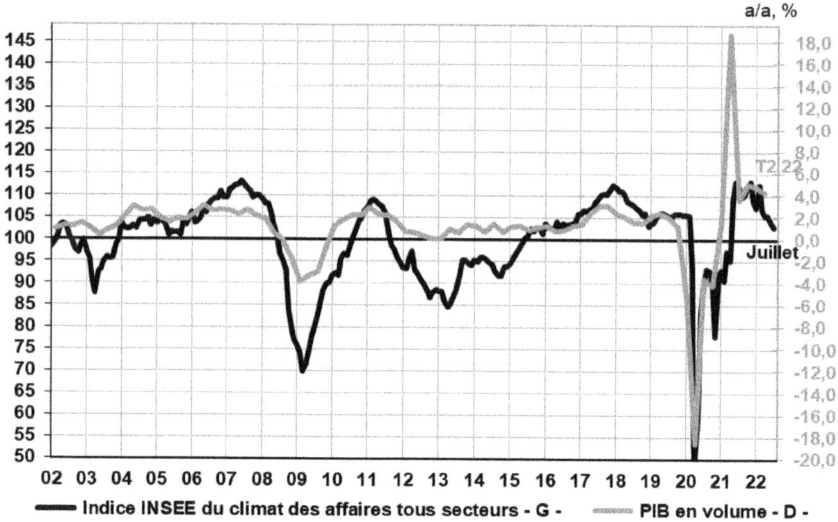

Sources : INSEE, ACDEFI

La confiance des ménages proche de ses planchers historiques.

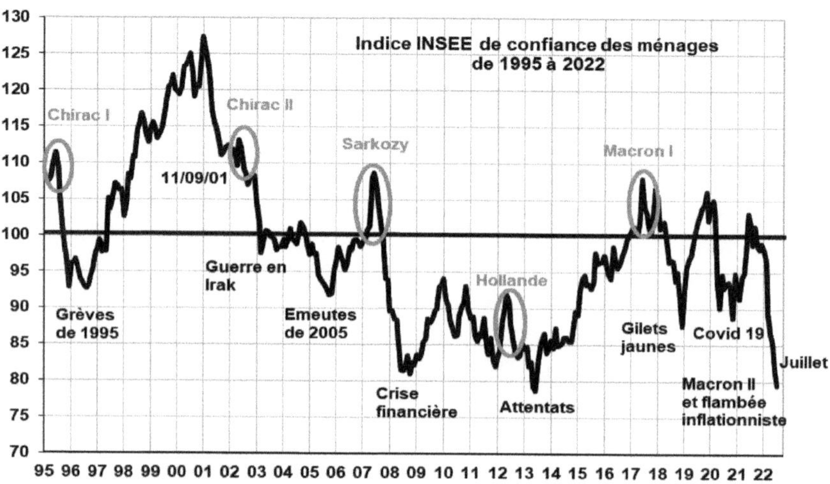

Sources : INSEE, ACDEFI

Vers une forte baisse de la consommation des ménages.

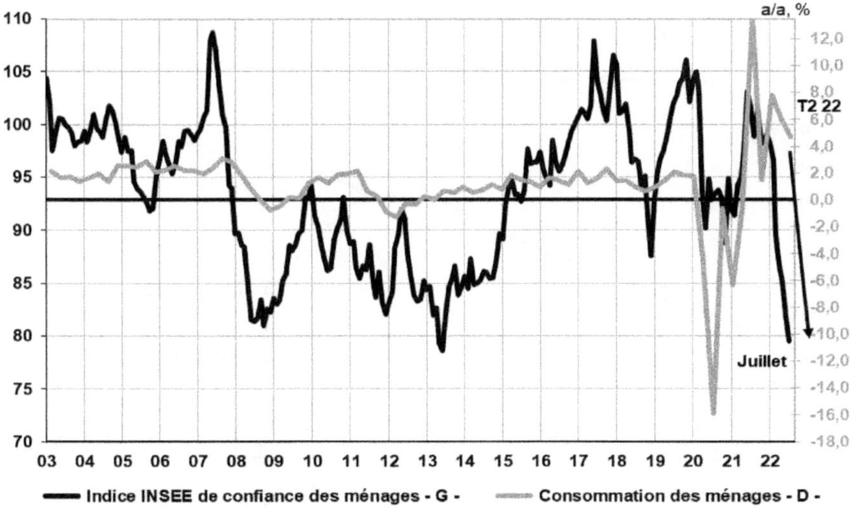

Sources : Eurostat, Prévisions ACDEFI

Le dernier excédent public français remonte à 1974.

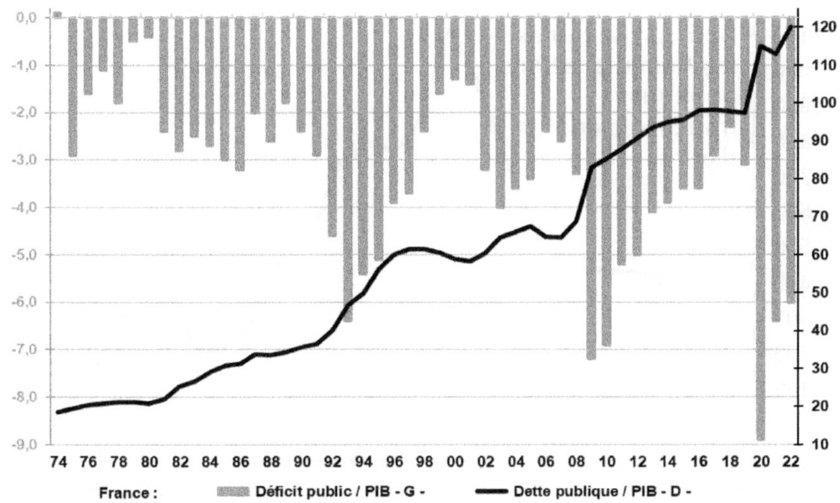

Sources : INSEE, Prévisions ACDEFI

La flambée de la dette publique a étouffé le PIB.

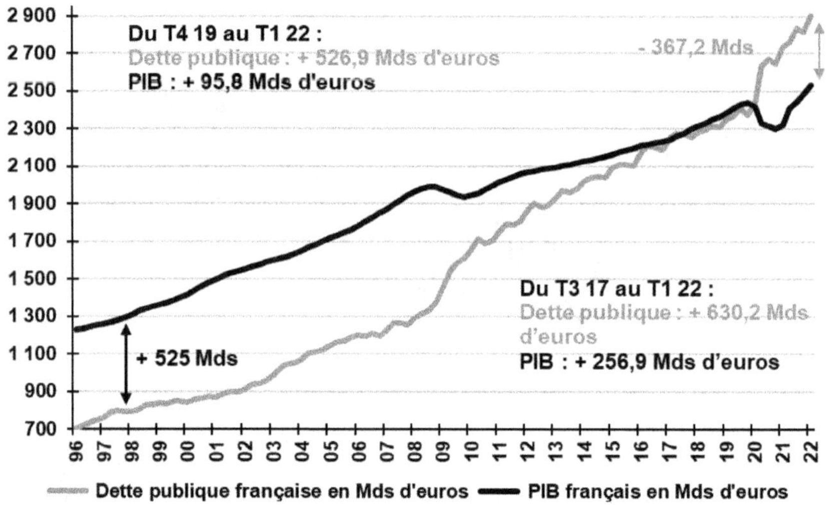

Sources : INSEE, ACDEFI

L'actif net de la puissance publique française est négatif !

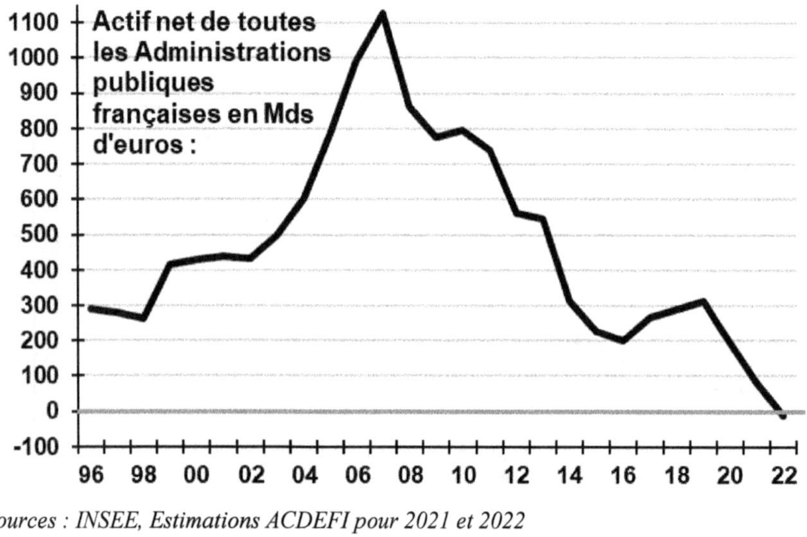

Sources : INSEE, Estimations ACDEFI pour 2021 et 2022

23.
Déficit commercial : La France dérape encore.

Le consensus bien-pensant a eu beau dire pendant des mois que tout allait bien dans notre « douce France », la réalité des chiffres est bien différente. Ainsi, après la quasi-stagnation du PIB sur l'ensemble du premier semestre 2022, puis la baisse des indicateurs INSEE du climat des affaires et de confiance des ménages depuis le printemps dernier, sans oublier la chute de la consommation et la flambée de l'inflation sur des sommets depuis 1985, l'explosion de notre déficit commercial vient régulièrement mettre les pendules à l'heure.

Ainsi, en mai 2022, le déficit commercial français s'est de nouveau creusé, pour atteindre un double record historique de 13 milliards d'euros sur un mois et de 113,9 milliards d'euros sur douze mois.

Pour les nostalgiques, rappelons que le dernier excédent commercial annuel français remonte à 2003, avec 1,3 milliard d'euros. Depuis cet « âge d'or » du commerce extérieur français, le cumul des déficits atteint 975,4 milliards d'euros.

Piètre consolation, pourtant habituée à dégager des excédents commerciaux confortables, l'Allemagne a enregistré un déficit commercial d'1 milliard d'euros en mai 2022, du jamais vu dans l'histoire allemande. La guerre en Ukraine, la flambée des cours des matières premières et la récession de la Chine (grand importateur de produits allemands) sont évidemment passées par là. Cependant, sur l'ensemble de l'année calendaire 2022, l'excédent allemand devrait tout de même avoisiner les 150 milliards d'euros selon nos estimations. C'est certes beaucoup moins que les records des années 2016-2017, à près de 250 milliards d'euros, mais un résultat honorable dans le contexte actuel.

En outre, depuis 2000, en dépit de 3 récessions, de la flambée régulière des prix du pétrole et des matières premières ou encore d'un euro souvent trop fort de 2005 à 2021, le cumul des excédents commerciaux allemands atteint 3 892 milliards d'euros, contre un déficit cumulé de 972,2 milliards d'euros pour la France sur la même période.

A l'évidence, il n'y a pas photo ! De quoi rappeler combien la stratégie française d'une « économie sans usine », développée depuis les années 1980-1990 jusqu'à encore récemment se paie de plus en plus en cher.

Bien entendu, sur les derniers mois, la flambée des cours des matières premières énergétiques a aggravé notre déficit. Cependant, ne soyons pas dupes : si le déficit extérieur français est aussi élevé depuis des années c'est avant tout parce que nos exportations sont trop faibles.

Les chiffres parlent d'eux-mêmes : en 2021, les exportations françaises ont atteint 498,5 milliards d'euros, contre 1 375,6 milliards d'euros pour les exportations allemandes, soit un écart de 176 %, alors que l'écart de PIB France-Allemagne n'est « que » de 34 %.

Bien entendu, certains rappelleront que le commerce extérieur français est meilleur sur les services que sur les marchandises. Mais là aussi, le comparatif fait mal : en 2021, les exportations de biens et services de la France ont été de 750 milliards d'euros, contre 1 650 milliards d'euros pour celles de l'Allemagne.

Les raisons de ces écarts sont malheureusement structurelles : bonne diversification géographique des exportations allemandes, davantage tournées vers les pays en forte croissance versus exportations françaises trop focalisées sur la Zone Euro qui est la lanterne rouge de la croissance mondiale depuis plus de quinze ans.

Parallèlement, la spécialisation sectorielle des exportations françaises pèche par la faiblesse des biens d'équipement (seulement 19 % du total, contre 50 % pour les exportations allemandes) et la sous-représentation des produits de haute technologie.

Fort heureusement, les biens agro-alimentaires, les produits de luxe et les exportations aéronautiques et navales permettent de limiter la casse pour le commerce extérieur de la France. Mais cela reste hautement insuffisant.

Plus globalement, ces écarts en matière de commerce extérieur reflètent également les différences de structures économiques entre les deux côtés du Rhin : réduction de la pression fiscale sur les entreprises, amoindrissement des charges qui pèsent sur le coût du travail, flexibilité de l'emploi, assainissement des dépenses publiques, sauvegarde d'une industrie de pointe en Allemagne. Bien loin de ces réussites, la France se distingue par des fondamentaux peu enviables : pression fiscale historiquement élevée et par la même prohibitive pour le dynamisme de l'investissement, marché du travail toujours trop rigide, désindustrialisation à outrance.

Bref, au-delà des chiffres, le comparatif calamiteux des performances de la France et de l'Allemagne nous rappelle que tout se paie en économie : la modernisation et la remise en question produisent de l'activité et des revenus, alors que l'immobilisme détruit de la richesse. Et si cette différence de comportement continue de perdurer, les écarts de solde de balance commerciale entre la France et l'Allemagne ne sont pas près de se réduire.

En outre, le plus dramatique est qu'en matière de commerce extérieur, la France n'est pas seulement à la traîne de l'Allemagne, elle aussi loin derrière de nombreux pays européens. Elle est effectivement le pays de l'Union européenne qui affiche le plus important déficit extérieur, avec 109,6 milliards d'euros en 2021 selon les chiffres harmonisés d'Eurostat, loin devant l'Espagne, la Roumanie et la Grèce, avec des déficits respectifs de « seulement » 28,9, 24,4 et 25,3 milliards d'euros. Que dire alors des Pays-Bas, de l'Irlande et de l'Italie qui affichent des excédents commerciaux de respectivement 66,5, 60,3 et 50,4 milliards d'euros ?!

Espérons donc qu'un jour, l'économie française sera enfin modernisée (comme je le demande à nos dirigeants politiques depuis des années, malheureusement en vain). Elle pourra alors certainement retrouver le chemin des excédents commerciaux. L'espoir fait vivre...

Déficit commercial français : un puits sans fond…

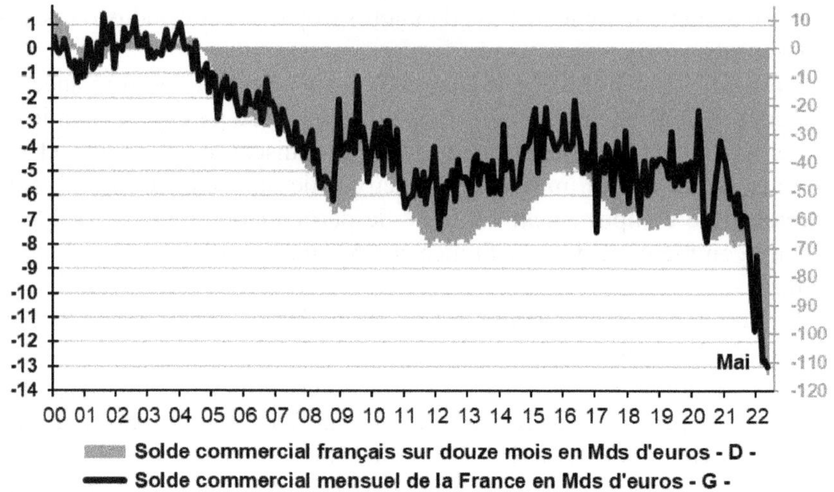

Sources : Minefi, ACDEFI

La France n'exporte pas assez…

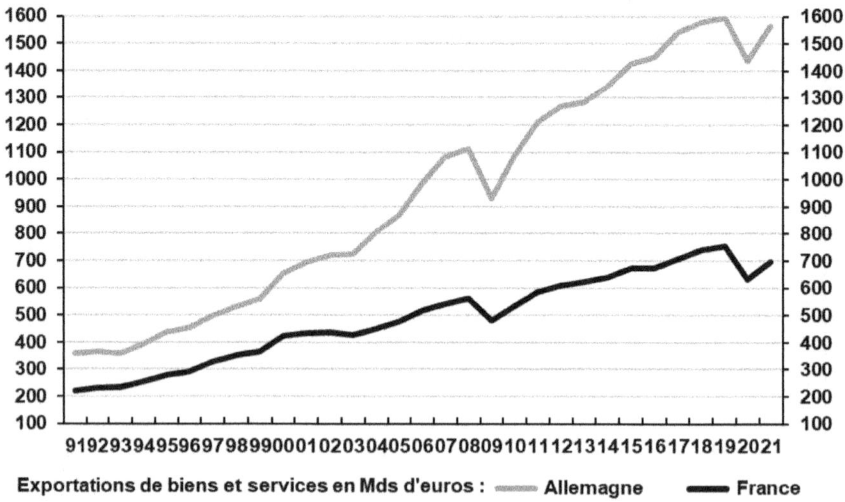

Sources : INSEE, ACDEFI

24.
La bombe à retardement des retraites.

C'est quasiment définitif : après avoir été reportée pendant plus de trente ans, et encore dernièrement à cause de la pandémie, la réforme en profondeur des retraites n'aura toujours pas lieu pendant l'actuel quinquennat. Il y aura certainement des réformettes, mais pas beaucoup plus. Face à cette nouvelle reculade, une question s'impose : arriverons-nous un jour à moderniser le système des retraites à la française ?

Rappelons-nous effectivement que le premier livre blanc sur les retraites date de 1974. À l'époque, on alertait déjà sur la situation dangereuse qui s'imposerait lorsque le « baby-boom » de l'après-guerre deviendrait le « papy-boom ». « Dans les années 2010 », disait-on à l'époque, et cela paraissait bien loin. Jusqu'en 2000, une vingtaine de rapports gouvernementaux sur ce sujet furent rédigés, mais avec toujours les mêmes conséquences, c'est-à-dire le statu quo. Les grèves et l'échec cuisant de la réforme de 1995 n'ont fait d'ailleurs que renforcer ce dernier.

En fait, il a fallu attendre 2003 pour qu'une réformette des retraites soit enfin engagée. Appelée « loi Fillon », du nom du ministre du Travail de l'époque, cette loi était censée tout résoudre. Pourtant, pour boucler son modèle de financement, elle tablait sur deux hypothèses hasardeuses : une croissance économique de 3 % par an et un taux de chômage stabilisé autour des 4,5 %. Bien entendu, ces prévisions n'ont jamais été vérifiées. Et pour cause : les niveaux structurels de la croissance et du taux de chômage de la France étaient déjà et restent encore aujourd'hui de respectivement 1 % et 8,0 %. Autrement dit, cette réformette des retraites tout comme celle de 2010, n'ont absolument pas permis de résoudre le problème.

Pourtant, il faut être clair et comprendre l'ampleur des dégâts passés et à venir : dans la mesure où le financement du système de retraite par répartition consiste à faire payer les actuels retraités par les actifs d'aujourd'hui, il s'agit ni plus ni moins d'un système Madoff à l'échelle hexagonale. Evidemment, lorsque l'on comptait plus de 3 actifs pour un retraité (c'est-à-dire depuis l'après Seconde Guerre mondiale jusqu'au début des années 1970), ce « système Ponzi » ne posait aucun réel problème.

Seulement voilà, actuellement, on ne recense plus qu'environ 1,5 actif pour un retraité et le ratio va empirer au cours des prochaines décennies, pour tomber dans le meilleur des cas à 1,3 en 2050. Autrement dit, à l'instar du système Madoff qui s'est effondré lorsque les nouveaux cotisants n'étaient plus suffisamment nombreux pour payer les anciens, le système de retraite par répartition à la française est voué à l'explosion. Souligner une telle réalité ne relève pas de la politique, ni même de l'économie, mais tout simplement de la mathématique. De plus, les retraités représentent actuellement environ 24 % de la population française et n'ont jamais été aussi nombreux.

A cet égard, il faut rappeler que la nécessité de réformer la retraite française par répartition est liée à une excellente nouvelle : nous vivons de plus en plus longtemps. En France, dans les années 1950, l'espérance de vie était effectivement de 65 ans pour un homme et 70 ans pour une femme. Or, à l'époque, l'âge moyen de départ à la retraite était de... 65 ans. « Préparer » sa retraite ne servait donc pas à grand-chose, puisque cette dernière était particulièrement courte.

Aujourd'hui, les choses ont heureusement bien changé : en France, l'espérance de vie est d'environ 80 ans pour un homme et de 85 ans pour une femme. Et même si la pandémie a réduit cette espérance de vie de l'ordre de 3 mois (ce qui, espérons-le, ne sera que temporaire), nous sommes bien au-delà des niveaux des années 1970. De plus, depuis ces dernières, l'âge moyen de départ à la retraite a reculé fortement pour atteindre actuellement 62 ans et demi.

Ainsi, la durée de vie moyenne à la retraite est actuellement d'environ 23 ans, contre 2 ans dans les années 1950, 10 ans dans les années 1980 et 15 ans dans les années 1990. Mais ce n'est pas tout, car, selon le Conseil d'Orientation des Retraites (COR), la durée de vie à la retraite pourrait avoisiner les 30 ans pour la génération 2000, voire 33 ans en cas de mortalité basse.

Sans attendre cette perspective, et conséquence logique de ce progrès humanitaire et social qu'est l'allongement de la durée de vie, le financement de la retraite coûte de plus en plus cher, en particulier en France, qui reste le pays le plus généreux en la matière. Selon le COR, plus de 330 milliards d'euros, soit environ 14 % du PIB, sont consacrés chaque année au financement des retraites. En 2020 et 2021, ce niveau est même monté autour des 15 %, contre 11,7 % en 2002.

Un niveau qu'il est également instructif de comparer aux 10 % observés en Allemagne et à une moyenne de 7,5 % pour l'ensemble des pays de l'OCDE. En outre, la hausse du nombre de retraités va considérablement s'accélérer à partir de 2035. De 16,3 millions en 2019, leur nombre devrait dépasser la barre des 22 millions en 2050.

Pourtant, en dépit d'une telle évidence, une grande majorité des Français, du moins selon certains sondages, continue de vouloir maintenir le statu quo. Chacun y va de son argument. Pour les uns, la retraite à 62 ans est un acquis social qu'il est impensable de casser, pour d'autres il suffit de créer un nouvel impôt pour tout résoudre (encore un…). Le pire est que les prévisions avancées par le COR restent excessivement optimistes !

En effet, celui-ci pense que le taux de chômage français va tendre progressivement vers 5 % ou, au pire des cas, vers 6 %, tout en imaginant que la productivité croîtra de 1,8 % par an, contre moins de 1 % depuis quinze ans. Et même selon ces hypothèses dignes d'un conte de Noël, les déficits annuels des retraites prévus par le COR avoisineraient durablement les 10 milliards d'euros. Il faut ainsi rappeler que le taux de chômage en France est actuellement de 7,5 % selon la définition restrictive du Bureau International du Travail.

Bien plus grave, il atteint 13 % si on intègre le halo du chômage (c'est-à-dire les personnes sans emploi mais qui ne sont pas disponibles et/ou ne font pas de recherche active) et 17 % si on inclut les chômeurs à temps partiel. C'est dire l'ampleur des dégâts pour les cotisations retraites et les pensions actuelles et à venir…

D'ores et déjà, le déficit des retraites s'est fortement creusé, pour atteindre 18 milliards d'euros tant en 2020 qu'en 2021. En outre, il ne faut pas oublier qu'il s'agit là de déficits annuels qui se cumuleront dans le temps et pourront avoisiner les 1 000 milliards d'euros (dans le meilleur des cas) d'ici 2050. Or, la dette publique va bientôt dépasser les 3 000 milliards d'euros et continuera d'augmenter, indépendamment des déficits des retraites.

Ce qui rappelle combien une réforme de la retraite est indispensable. Et ce tant pour les finances publiques nationales que pour le bien-être des Français au cours des prochaines décennies. Cependant, dans la mesure où cette réforme sera encore et toujours remise aux calendes grecques, il est urgent de préparer sa retraite par soi-même, en augmentant son épargne de long terme.

D'ores et déjà, il faut savoir que le « taux de remplacement » des retraites est de 74,7 %, contre 80 % il y a douze ans. Cela signifie qu'à l'heure actuelle, le montant de la pension nette d'un retraité ne représente que 74,7 % de la moyenne de son salaire net des cinq années précédant son départ en retraite, alors qu'il en représentait 80 % il y a douze ans.

Dans ce cadre, s'ils ne comptent que sur la retraite par répartition, les retraités vont subir une chute de plus en plus marquée de leur pouvoir d'achat.

Le drame est que ce taux de remplacement va malheureusement continuer de baisser au cours des prochaines années. Selon les projections du COR, il pourrait ainsi tomber à 63 % pour les générations nées dans les années 1980, à 62 % pour celles des années 1990 et à quasiment 61 % pour celles des années 2000.

Et attention, il s'agit là de moyennes. Or, pour beaucoup de Français, notamment dans l'artisanat et le salariat privé, le taux de remplacement est déjà de l'ordre de 60 %, voire 50 %.

Il est donc clair que si la question du financement des retraites n'est pas résolue au plus vite, une crise sociétale majeure se produira.

En outre, la dette publique française flambera encore et toujours. D'où une inévitable augmentation des taux d'intérêt des obligations d'Etat, qui a d'ailleurs déjà commencé, impliquant moins de croissance, plus de déficits, plus de trous des retraites et de la sécu…

Par ailleurs, n'oublions pas que les caisses de retraites détiennent énormément d'obligations d'Etat en portefeuille. Avec le dégonflement actuel et surtout à venir de la bulle obligataire, donc la poursuite de la remontée des taux d'intérêt de ces mêmes obligations, les cours de ces dernières vont baisser, réduisant la valeur des actifs des caisses de retraites et compromettant davantage leur capacité de paiement des pensions.

Mais, pour le moment, rares sont ceux qui osent affronter le vrai défi des retraites.

En fait, pour résoudre définitivement le problème, il faudrait avant tout consacrer une plus grande responsabilisation des Français face à leur retraite et engager une véritable harmonisation de l'ensemble des systèmes. Ensuite, chacun pourra choisir : partir tard ou tôt à la retraite et, en fonction de son choix, recevoir plus ou moins de pensions.

Dans le même temps et surtout, il faudra forcément soutenir le système par répartition avec une retraite par capitalisation qui permettra aux retraités de toucher l'ensemble des sommes épargnées pendant leur vie active, soit d'un seul coup, soit sous forme de rente.

Avec une différence de taille : les sommes investies dans une retraite par capitalisation appartiennent aux retraités, alors que ce n'est pas le cas pour celles qui sont prélevées sur les salaires, puisqu'elles sont utilisées pour financer les actuels retraités. Encore une fois, il est donc urgent que les Français soient conscients de cette réalité et commencent à épargner pour leur retraite le plus tôt possible.

Et, en la matière, même si la situation s'améliore progressivement, les Français sont encore très loin du compte.

L'épargne retraite des Français au sens large est ainsi passée de 545,3 milliards d'euros en 2008 à environ 950 milliards d'euros en 2020-2021 (selon nos estimations), soit une hausse de 74 %. Si l'on isole uniquement les actifs placés sur des régimes de retraite capitalisés et privés (qu'on appelle communément retraite par capitalisation), ce montant tombe à 290 milliards d'euros, soit environ 11 % du PIB français (selon l'OCDE pour l'année 2019, l'année 2020 étant quelque peu biaisée compte tenu de la baisse du PIB engendrée par la pandémie). Un niveau qui peut paraître appréciable, mais qui reste très loin de ceux observés au sein des pays de l'OCDE : 217 % au Danemark, 195 % aux Pays-Bas, 150 % aux Etats-Unis et 128 % en moyenne pour l'ensemble de l'OCDE.

Sans aller jusqu'à de tels niveaux, l'augmentation d'une retraite par capitalisation en France vers les 50 % du PIB signifierait une augmentation de l'épargne investie sur ce type de support de l'ordre de 1 000 milliards d'euros.

Au-delà de permettre un meilleur financement des retraites, cette épargne soutiendra aussi mécaniquement l'investissement en France, notamment sur des actifs risqués et à haut rendement, puisque l'épargne de long terme permet justement de prendre des risques.

Les deux mots clés du sauvetage de la retraite française sont donc « responsabilité » et « liberté ». Chaque individu est capable de comprendre que s'il vit plus longtemps (et c'est tant mieux), il doit forcément cotiser plus pour garder le même niveau de prestations retraites qu'avant. Les Allemands, les Anglais, les Italiens et beaucoup d'autres à travers le monde l'ont compris, il n'y a pas de raison que les Français n'y parviennent pas.

Et, de ce point de vue-là, la crise du Covid19, le « quoi qu'il en coûte » et la déresponsabilisation des Français face à l'envolée de la dette publique ont aggravé la situation, tant en termes financiers qu'en matière de crédibilité de la France à engager des réformes indispensables au sauvetage de son modèle social...

Pour éviter de supporter les erreurs des dirigeants français, il est donc urgent de se constituer une épargne de long terme, notamment pour nous permettre de profiter au maximum de notre retraite. Et ce, en particulier en investissant sur les marchés actions qui restent les plus avantageux à long terme.

Episode IX :

Comment sauver notre « douce France » ?

25.
M. Macron c'est maintenant ou jamais !

Sans véritable surprise, Emmanuel Macron a donc été réélu à la Présidence de la République française le 24 avril 2022. Pour autant, dans la mesure où les partis « anti-système » ont récolté 61 % des suffrages exprimés lors du premier tour de ces mêmes élections (un record historique) et où le parti du Président n'a pas réussi à obtenir une majorité absolue à l'Assemblée Nationale, de nombreuses questions déterminantes se posent et notamment les deux suivantes : La France va-t-elle enfin être modernisée ? Ou, va-t-elle, au contraire sombrer dans une crise de gouvernance durable ? A l'évidence, les risques politiques demeurent élevés et pourraient entraver la bonne marche de l'économie française et plus globalement de celle de la Zone Euro au cours des prochains trimestres.

D'où deux autres questions essentielles : Comment la France en est-elle arrivée là ? Comment le niveau de son débat politique et économique a-t-il pu tomber si bas ? Deux réponses principales nous paraissent devoir être mises en avant. D'une part, le manque de courage des dirigeants politiques depuis quarante ans, qui a empêché la France de moderniser ses structures économiques et qui l'a plongée dans la croissance molle et le chômage élevé. D'autre part, le manque de culture économique qui a maintenu de trop nombreux Français dans l'ignorance et les a malheureusement incités à se laisser tenter par des voies extrêmes.

Il est donc urgent que cette situation change et que tout soit fait pour développer la culture économique des Français, non pas vers l'ultra-libéralisme ou la surpuissance publique, mais simplement vers le bon sens. Tout le monde devra être mis à contribution : l'éducation nationale, les médias, les entreprises, les syndicats et, bien sûr, les économistes.

Il faut effectivement sortir du vieux carcan anticapitaliste qui est malheureusement trop présent dans les manuels scolaires et ailleurs. Cela permettra notamment de faire comprendre aux jeunes et aux moins jeunes que si le système capitaliste n'est évidemment pas parfait, il est le seul capable de fonctionner, comme l'ont montré les échecs cuisants des autres expériences à travers la planète depuis des décennies et encore dernièrement. Dès lors, ce n'est pas en le détruisant que l'on créera un monde meilleur, mais en améliorant son fonctionnement.

Dans ce cadre, une dernière question primordiale s'impose : M. Macron va-t-il enfin engager la France dans une véritable « thérapie de choc bienveillante », dont elle a absolument besoin, ou alors va-t-il réaliser des réformettes et laisser la France s'enfermer dans la mollesse économique ? En cas de besoin, nous lui rappelons qu'en dépit de certaines apparences, l'économie française reste au bord du gouffre et ne pourra pas supporter une nouvelle déception. Voilà donc les cinq catégories de mesures à prendre d'urgence pour (enfin !) sauver notre « douce France ».

1. Baisser la pression fiscale pour tous, les entreprises et les ménages, de façon claire, notamment en réduisant le taux de l'impôt sur les sociétés (vers les 20 %) et la CSG, qui, souvenons-nous, était un impôt temporaire créé en 1991… En abaissant cette taxe généralisée (c'est-à-dire que tout le monde paie) de 3 points, cela produirait un coup de pouce de pouvoir d'achat de plus de 30 milliards d'euros pour tous les Français. Par la même occasion, cela créerait un boom de confiance, qui pourrait faire accepter plus facilement la baisse de la dépense publique, qui constitue notre deuxième mesure phare.

2. Optimiser la dépense publique, notamment en réduisant les dépenses de fonctionnement. Car attention, baisser les dépenses d'investissement et/ou de santé serait contre-productif. Il faut au contraire s'attaquer aux dépenses de fonctionnement (le fameux mille-feuilles administratif) qui ont augmenté de 170 milliards d'euros au cours des dix dernières années. Si un tel dérapage ne s'était pas produit, le poids des dépenses publiques serait ainsi proche des 52 % du PIB, alors qu'il est actuellement d'environ 60 %. Autrement dit, réduire la dépense publique ne signifie pas rogner sur les missions de service public mais améliorer et optimiser ce dernier.

La dépense publique deviendra alors plus féconde en création de richesses, ce qui permettra de faire baisser automatiquement le ratio dépenses publiques / PIB, via une réduction opportune du numérateur et une augmentation du dénominateur.

3. A côté de la réduction des impôts pour tous et de l'optimisation des dépenses publiques, il sera également indispensable de réduire le coût du travail, non pas évidemment en abaissant les salaires, mais en réduisant d'au moins 15 % les charges qui pèsent sur ces derniers. Cela permettra alors d'augmenter les salaires nets et donc d'améliorer le pouvoir d'achat des ménages. De quoi là aussi relancer la confiance des Français dans la politique économique nationale. Pour y parvenir, il serait possible de transférer une partie des charges qui pèsent sur les salaires vers la TVA, mais, attention, sans augmenter le taux de cette dernière. Car sinon cela viendrait grever le pouvoir d'achat et amoindrir la confiance.

4. Pour parfaire ces trois évolutions indispensables, la France devra également moderniser son marché du travail, notamment en supprimant le caractère obligatoire des 35 heures et en allégeant le code du travail.

5. Enfin, dans cette France modernisée, il faudra également favoriser le financement des entreprises et de l'innovation, notamment en assouplissant les règles prudentielles qui pèsent sur les banques et en facilitant la création de fonds d'investissement.

Ces mesures ne sont pas ultra-libérales, ni destructrices, mais simplement de bon sens économique, pour peu qu'elles soient expliquées et mises en place avec pédagogie, déontologie et transparence. Dans ce cadre, si elles deviennent réalité, la croissance structurelle de l'économie hexagonale pourra retrouver la barre des 2,5 % à l'horizon 2025 (contre 0,9 % depuis plus de quinze ans).

Et si, pour le moment, il ne s'agit là que d'un rêve, espérons que les « nouveaux » dirigeants du pays auront le courage d'engager la France sur la voie de la rédemption. Mais attention, notre « thérapie de choc bienveillante » doit être appliquée rapidement, car en 2025, il sera trop tard. Et le pire deviendra inévitable.

La France, numéro un mondial des dépenses publiques…

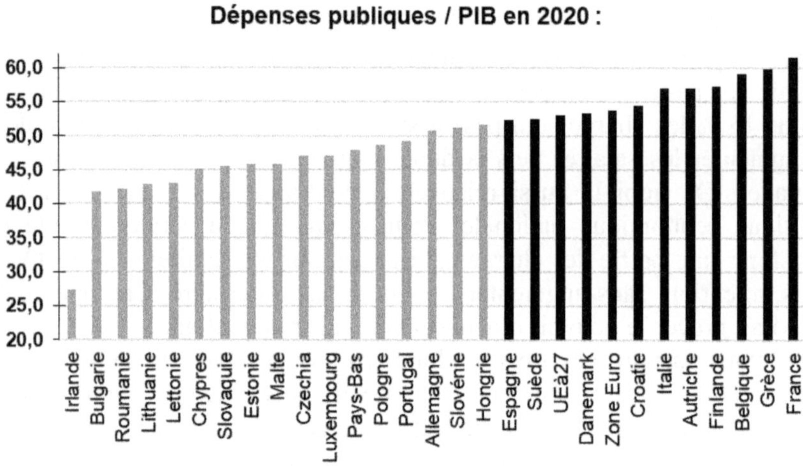

Sources : Eurostat, ACDEFI

... et des impôts.

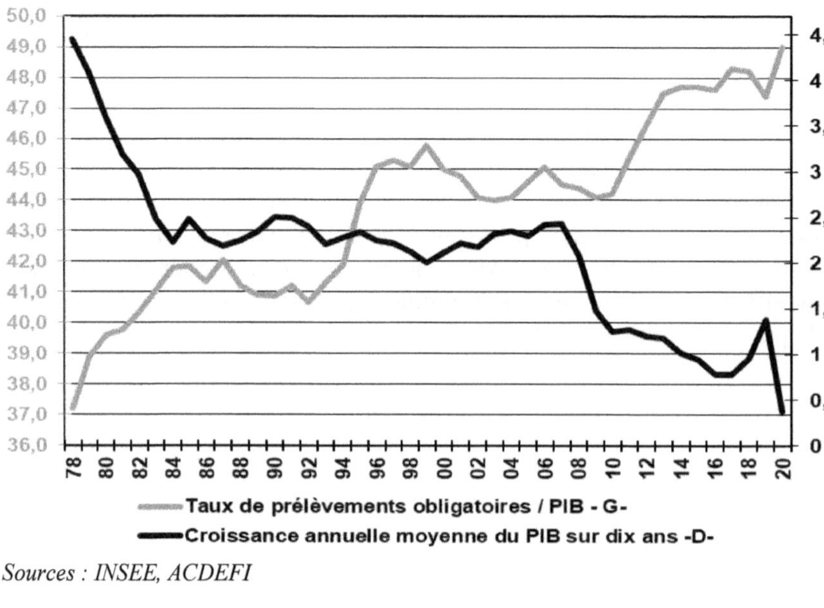

Sources : INSEE, ACDEFI

26.
La réindustrialisation ne tombera pas du ciel.

Ce sera certainement l'un des grands enjeux de la prochaine décennie : comment devenir moins dépendant du reste du monde en relocalisant une partie de notre production sur le territoire national ?

En effet, après avoir trop compté sur certains pays pour nous approvisionner et notamment sur la Chine, qui est devenue « l'Usine du monde », les pays développés, et en particulier la France, doivent créer les conditions nécessaires pour se réindustrialiser et retrouver une certaine indépendance économique et productive.

Comment peut-on par exemple accepter que 90 % de la pénicilline dans le monde soit fabriquée en Chine, 60 % pour le paracétamol et 50 % pour l'ibuprofène ?

De même, comment a-t-on pu laisser la Russie devenir le premier exportateur mondial de gaz et de blé, le deuxième exportateur planétaire de pétrole et l'un des premiers fournisseurs pour l'Europe d'aluminium, de palladium, de titane et de nickel ?

Au-delà du manque d'emplois que cela engendre dans les autres pays, cette ultra-dépendance a créé des situations de pénuries, que ce soit avec les confinements de la Chine lors de la pandémie ou avec la guerre en Ukraine.

Le monde est ainsi tombé dans une exacerbation de la « théorie des avantages comparatifs » élaborée par David Ricardo au début du dix-neuvième siècle. Selon cette théorie, un pays a intérêt à développer la production des biens dans lesquels il est comparativement le plus efficace. L'auteur prend un exemple bien connu à l'époque : le Portugal va se spécialiser dans la fabrication du Porto et la Grande-Bretagne dans celle des draps et vêtements en laine. Ils vont alors s'échanger ces produits, bien que la production soit moins onéreuse pour ces deux types de biens au Portugal. Néanmoins, dans la mesure où c'est le Porto dans lequel le Portugal a le plus grand avantage comparatif, ce pays renoncera à manufacturer des tissus en laine, même si le coût de production y est moins élevé qu'au Royaume-Uni. Et ce, tout simplement car il est plus intéressant de se spécialiser dans les biens pour lesquels on est le plus efficace.

Seulement voilà, comme souvent, il existe un écart notable entre la théorie et la pratique. L'excès de spécialisation revient effectivement à créer des situations de « sur-dépendance » et par là même de perte d'autonomie économique.

Autre exemple, particulièrement à la mode depuis le développement des voitures électriques, la Chine est le premier producteur mondial de batteries au lithium. Les grands fabricants chinois CATL et BYD, ainsi que le japonais Panasonic et les sud-coréens LG Chem et Samsung SDI réalisent plus de 70 % de la production mondiale de cellules de batteries pour l'automobile.

Pour ne rien arranger, le premier producteur de cobalt (matière première indispensable à la confection de ces batteries) au monde, en l'occurrence le Congo, réserve 80 % de ses exportations du précieux minerai à… la Chine. Parallèlement, les groupes chinois Ganfeng et Tianqi contrôlent pour leur part 17 % et 12 % des capacités mondiales de production et de traitement de lithium.

Et les exemples de sur-domination de la Chine dans l'industrie mondiale sont pléthore.

Face à ce triste état des lieux, il pourrait être tentant de baisser les bras et c'est ce qui a failli se produire avant que ne survienne la pandémie de Covid-19.

De quoi rappeler une fois encore qu'à toute chose malheur est bon. En effet, ce drame sanitaire a suscité une prise de conscience internationale sur la nécessité de devenir moins dépendant de la Chine et, ce faisant, de relocaliser une partie des productions perdues au cours des dernières décennies.

Si l'idée est évidemment bonne, elle ne doit cependant pas rester un slogan marketing. De même, imaginer que l'instauration de droits de douanes suffira à déclencher ces mouvements de relocalisation serait particulièrement erroné.

En France en particulier, où le cauchemar d'une économie sans usine a été érigé en dogme stratégique catastrophique par l'élite dirigeante pendant des décennies, le chemin sera long et semé d'embûches.

Car, attention, ce n'est pas en claquant des doigts et en demandant aux Français de consommer « Made in France » que les relocalisations vont devenir réalité.

Tout d'abord, n'oublions pas que si les consommateurs ou les entreprises achètent des produits à l'étranger c'est avant tout parce qu'ils sont moins chers et le plus souvent à qualité égale.

Or, il ne faut pas se voiler la face : faire revenir certaines industries en France ne sera pas sans conséquence sur le prix de revient des produits manufacturés et donc sur leur prix de vente. Le coût du travail en France est effectivement sans commune mesure avec celui des pays émergents. Et ce n'est pas demain la veille que cela changera.

Dans un contexte de faiblesse du pouvoir d'achat des ménages, il est donc très probable que l'achat patriotique se heurtera souvent à la barrière du prix.

Dès lors, si de très nombreuses entreprises réduisaient leurs achats en provenance de Chine, elles pourraient néanmoins être tentées de relocaliser leurs importations et/ou leurs productions vers des pays d'Europe de l'Est, toujours bien plus compétitifs que l'Hexagone.

C'est pourquoi, ce mouvement nécessaire de relocalisation devra être accompagné par une politique pro-active en faveur des entreprises françaises qui restent sur le territoire national.

D'abord, il faudrait permettre à celles-ci d'être plus solides, notamment en augmentant leurs fonds propres. Pour ce faire, il serait par exemple opportun de réduire encore plus massivement les impôts de production qui pèsent sur le chiffre d'affaires et non pas les bénéfices, notamment la cotisation sur la valeur ajoutée des entreprises (CVAE), ainsi que de supprimer la contribution sociale de solidarité des sociétés (C3S). La baisse de 20 milliards sur ce type d'impôts décidée par le gouvernement Castex a évidemment été dans le bon sens, mais de nouveaux efforts de réduction devront être réalisés au cours des prochaines années, ne serait-ce que pour converger vers les niveaux de fiscalité de nos voisins allemands.

En d'autres termes, les relocalisations ne pourront se produire que si l'industrie française devient plus compétitive.

Et ne l'oublions jamais si, au cours des vingt dernières années, la France est entrée dans une phase de désindustrialisation massive c'est notamment à cause d'un coût du travail trop élevé. De 1990 à 2019 (donc avant la pandémie), l'industrie nationale a ainsi détruit 1,5 million d'emplois nets, soit une baisse de 31,4 %.

Certes et fort heureusement, les services ont réussi à compenser en partie ces destructions d'emplois. Mais le mal est là : la France souffre bien d'un problème de compétitivité. Cela ne signifie pas qu'il faille baisser fortement les salaires et engager l'économie française dans une déflation salariale dévastatrice. Il faut pourtant réagir. Car si nous attendons que les coûts salariaux et les marchés du travail des pays émergents ressemblent au nôtre, nous risquons de nous impatienter. Avant que les Chinois passent aux 35 heures, il y a de la marge !

Un ajustement à la baisse du coût du travail et une réduction des rigidités réglementaires qui pèsent sur le marché de l'emploi s'imposent donc. C'est à ce prix-là que nos entreprises pourront retrouver le chemin de la croissance forte et produire davantage sur le territoire national.

D'ailleurs, au risque d'en surprendre certains, je tiens à affirmer haut et fort que les entreprises françaises ne sont pas sous-compétitives. Et pour cause : en dépit d'une pression fiscale prohibitive, d'une rigidité réglementaire draconienne (notamment sur le marché du travail) et d'une croissance économique hexagonale de 0,7 % par an depuis quinze ans, elles réussissent à investir, innover, embaucher et même faire des profits.

En fait, nos entreprises nationales sont bien plus compétitives que leurs homologues allemandes ou américaines. En effet, que ce soit en Allemagne ou aux États-Unis, les pouvoirs publics font tout depuis des années pour favoriser les entreprises et l'initiative privées : réduction des charges, diminution de l'impôt sur les sociétés, fluidification du marché du travail, favorisation du développement à l'export…

Bien loin de ces stratégies de bon sens, l'État français n'a cessé d'augmenter les contraintes, ainsi que les coûts fiscaux et réglementaires qui pèsent sur les entreprises hexagonales. Autrement dit, il suffirait que ces obstacles soient abaissés pour que nos entreprises fassent des étincelles. Ce ne sont donc pas elles qui manquent de compétitivité mais l'économie française. D'où l'importance de moderniser cette dernière au plus vite.

27.
Réchauffement climatique : l'Ecologie sauvée par l'Economie.

Des animaux sauvages se baladant tranquillement dans des villes désertées, une réduction exceptionnelle des émissions de gaz à effet de serre, un globe terrestre métamorphosé par la baisse de la pollution… C'était il y a déjà deux ans et demi, mais les images et les vidéos du retour en force de la « nature » pendant le confinement mondial du printemps 2020 sont toujours dans les esprits. D'aucuns ne cessent d'ailleurs d'appeler à la poursuite de ce mouvement et à la suprématie de l'écologie. Et ce, d'autant que les craintes liées au réchauffement climatique, relayées notamment par les images des incendies à travers le monde et de la fonte des glaciers, ont pris le pas sur les craintes sanitaires.

Seulement voilà, derrière le choc des images, la dure réalité a vite repris le dessus et a rappelé que les confinements ont aussi engendré la plus forte récession internationale depuis la Seconde Guerre mondiale et ses corollaires, en l'occurrence, une augmentation de la pauvreté, une flambée de l'inflation et une exacerbation des tensions sociales au sens large.

Ces tristes évolutions nous ont ainsi montré qu'au-delà d'un succès marketing indéniable, « l'écologie à tout prix » est loin d'être la panacée. En effet, derrière cette « noble cause » peuvent aussi se cacher des sous-entendus très pernicieux voire dangereux, à commencer par la théorie de la décroissance.

Pour mieux comprendre cette problématique, il faut remonter à une question qui n'a cessé de faire réfléchir les économistes depuis des siècles et encore plus aujourd'hui, à savoir : comment faire de la croissance infinie dans un monde fini ? En effet, dans la mesure où la terre est ronde et où nous vivons dans un monde à l'horizon spatiotemporel limité, la croissance infinie ne peut *a priori* pas exister. Cette dernière ne serait donc qu'une illusion qui devient une bulle et qui finit forcément par exploser. Dans ce cadre, la seule solution possible semble résider dans ce que l'on appelle la décroissance. Celle-ci signifie simplement qu'après avoir trop crû, nous devons désormais décroître pour sauver la planète.

Si cette théorie apparaît à la fois indispensable et séduisante, elle pèche néanmoins par au moins deux voies, qui ont d'ailleurs été confirmées empiriquement par la pandémie de Covid-19 et plus récemment par la guerre en Ukraine. D'une part, si, pour des pays riches, il est, à la rigueur, possible de concevoir la décroissance, cette dernière est clairement dramatique et inégalitaire pour les pays en développement, qui n'auraient donc pas le droit de croître et de rattraper leurs « grands frères » de l'Occident. Sous couvert d'égalitarisme, la théorie de la décroissance et son alliée, celle de la « démondialisation », ne reviendraient donc finalement qu'à maintenir, voire aggraver, l'écart qui sépare les pays riches des moins riches.

Car, ne l'oublions jamais : en 1980, avant le véritable essor de la mondialisation, les pays émergents, qu'on appelait à l'époque les PVD (les pays en voie de développement) ne représentaient que 36 % du PIB mondial (en parités de pouvoir d'achat). Aujourd'hui, cette part dépasse les 61 %.

De même, en 1980, 50 % de la population mondiale vivait sous le seuil de pauvreté extrême, c'est-à-dire avec moins de 1 dollar par jour. En 2019, juste avant la pandémie, alors que ce seuil est passé à 1,9 dollar, seule 8,5 % de la population planétaire vivait en-deçà (selon la Banque mondiale), dont 90 % en Afrique. Bien entendu, c'est encore beaucoup trop, mais il est clair que sans la mondialisation, sans les transferts de richesses et de technologies qu'elle a permis, la pauvreté n'aurait pas autant reculé.

D'ailleurs, avec la pandémie et la décroissance qu'elle a générée, le nombre de personnes vivant sous le seuil de pauvreté extrême a augmenté d'environ 200 millions de personnes selon la Banque Mondiale. Et si la guerre en Ukraine et la flambée inflationniste internationale devaient se prolonger, près de 100 millions de personnes supplémentaires tomberaient dans ce drame de la pauvreté extrême.

Autrement dit, si la décroissance se généralise et si les échanges internationaux s'arrêtent, la pauvreté repartira forcément à la hausse et les pays qui n'ont pas encore réussi à en sortir resteront dans la misère. C'est à cela qu'aboutira la démondialisation qui fait pourtant de plus en plus d'adeptes.

Arrêtons-donc de nous mentir : sans libre-échange et sans croissance, les pays s'appauvrissent et, dans la mesure où ils ne sont pas auto-suffisants, ils se remettent à faire des guerres d'expansion et des pillages. En d'autres termes, la décroissance et la suppression du libre-échange n'ont aucun sens économique, si ce n'est le désordre social et sociétal.

D'autre part, le deuxième travers de la décroissance s'applique tant aux pays émergents qu'à ceux du monde dit « développé ». Il s'agit du fait que sans croissance, il n'y a pas d'emploi. Et sans emploi, les revenus reculent et la grogne sociale monte. Autrement dit, si la révolution verte doit passer par la décroissance, le chômage et la crise sociale, il y a clairement un problème de durabilité et tout simplement de faisabilité. D'ailleurs, n'oublions pas que dans l'expression « développement durable », il y a « développement ».

La décroissance n'est donc pas la solution, comme certains voudraient nous le faire croire. Bien au contraire. Pour autant, le dilemme de la croissance infinie dans un monde fini reste entier et appelle une réponse efficace.

En fait, le seul moyen de générer une croissance infinie ou durable dans un monde fini passe tout simplement par l'optimisation de l'existant, principalement au travers du progrès technologique. Ainsi, comme cela s'observe depuis le XVIIème siècle, le développement économique repose sur des cycles de long terme qui naissent avec les révolutions technologiques.

Le processus est toujours le même : la révolution technologique génère une forte hausse des investissements dans ces nouveaux secteurs, qui, à son tour, entraîne une croissance vigoureuse et de fortes créations d'emplois, notamment via le processus de « destruction créatrice », qui consiste à supprimer des emplois dans les anciens secteurs d'activité pour en créer beaucoup plus dans les nouveaux. Ensuite, une phase de maturité s'installe au travers d'un mouvement de fertilisation de la révolution technologique à l'ensemble de l'économie.

Et si la dernière révolution a été celle des NTIC (Nouvelles Technologies de l'Information et de la Communication), nous avons la chance de voir s'ouvrir devant nous une multitude de révolutions technologiques : tout d'abord, celles du numérique et de la robotique, mais aussi les NTA (Nouvelles technologies de l'agroalimentaire), les nanotechnologies, la santé, et bien sûr les NTE, les Nouvelles Technologies de l'Energie et leur corollaire, la « green economy ».

Mais attention, cette dernière ne consiste absolument pas à se contenter de créer des nouvelles taxes pour se donner bonne conscience. Car si tel est le cas, la « green economy » instaurera une nouvelle phase de décroissance, avec tous les dangers qu'elle suscitera. Non, cette révolution verte doit au contraire se traduire par une augmentation de l'innovation et des dépenses de Recherche & Développement à bon escient, c'est-à-dire avec des conséquences concrètes en termes de créations de richesses et d'emplois.

C'est dans ce cadre que s'inscrivent les Etats-Unis depuis plus de 20 ans, mais aussi la Chine qui est dernièrement devenue le pays qui investit le plus en R&D dans les énergies renouvelables. Quant à l'Europe et à la France, si elles étaient leaders dans les NTE dans les années 1980, elles ont largement perdu cette avance au profit d'une augmentation des dépenses publiques principalement utilisées pour colmater les brèches d'une société en mal de renouveau et pour entretenir le train de vie d'Etats beaucoup trop coûteux et donc trop soucieux, pour que rien ne change, d'augmenter les impôts.

En outre, rappelons qu'en matière de R&D, la quantité n'est pas forcément un critère de réussite. Comme le disait déjà le Général De Gaulle en son temps « des chercheurs qui cherchent on en trouve, des chercheurs qui trouvent on en cherche… ». Autrement dit, si les Etats-Unis et plus récemment la Chine ont creusé l'écart technologique avec la Zone Euro et la France c'est principalement grâce à une meilleure intégration entre la recherche fondamentale et la recherche appliquée et entre les Universités et les entreprises.

Enfin, soulignons que pour fonctionner efficacement, la « destruction créatrice » suppose également des mouvements de main-d'œuvre des anciens secteurs vers les nouveaux, ce qui impose des efforts de formation permanents et orientés vers les métiers demandés et d'avenir.

La médaille de la « green economy » a donc bien deux faces : l'une restrictive et contre-productive de la décroissance et l'autre innovante, donc créatrice de richesses et d'emplois, de l'investissement efficace et de l'innovation. Il s'agit là de la seule solution pour permettre de relever les défis du réchauffement climatique sans aggraver la pauvreté et les inégalités à travers la planète. Espérons que, pour une fois, les Français et les Européens sauront faire le bon choix.

EPISODE X :

COMMENT SE PROTEGER FACE AUX CRISES ?

28.
Notre épargne est en danger, il faut la protéger.

Allons droit au but : notre épargne est actuellement menacée par les cinq grands dangers suivants : 1. Les arnaques des placements mirobolants. 2. Le prélèvement sur les comptes bancaires par les autorités publiques. 3. L'assurance limitée en cas de faillite bancaire. 4. L'augmentation des impôts sur l'épargne et le patrimoine. 5. La « finance folle ». Explications.

1. Forex frauduleux, options binaires, placements en faux diamants, cryptomonnaies qui n'existent pas… Malheureusement, les arnaques financières ne manquent pas. Avec le développement de l'informatique, d'internet et du numérique, les escrocs en placements financiers se sont même multipliés et ont gagné en ingéniosité. Avec la pandémie, les inquiétudes et les frustrations qu'elle a engendrées, la situation ne s'est évidemment pas améliorée.

Plus que jamais, la prudence doit donc rester de mise. Pour éviter toute mauvaise surprise, il est donc indispensable de ne faire confiance à personne, à l'exception des professionnels agrées par les autorités officielles. Pour ce faire, l'AMF, l'Autorité des Marchés Financiers, a établi une liste rouge de toutes les fausses entreprises d'investissement et une liste verte des entreprises autorisées. A consulter sur le site amf-france.org.

2. Depuis le 1er janvier 2016, la directive européenne relative au « redressement des banques et à la résolution de leurs défaillances » autorise le prélèvement sur les comptes. Celle-ci a d'ailleurs été transposée en France par ordonnance en toute discrétion courant 2015 et est entrée en vigueur le 1er janvier 2016.

Ainsi, depuis cette date, les comptes des clients dotés de plus de 100 000 euros de dépôts pourront être prélevés pour contribuer au sauvetage de leur banque, en cas de besoin. Un précédent a d'ailleurs déjà eu lieu lors de la crise chypriote de 2013. A l'époque, le gouvernement chypriote, sous le haut patronage de l'Union européenne, a tout simplement spolié une grande partie des dépôts bancaires au-delà de 100 000 euros. Comme cela concernait principalement de nombreux comptes off-shore et souvent mafieux, l'opinion publique ne s'en est pas émue outre-mesure, mais la boîte de Pandore a bien été ouverte.

3. Grâce à la garantie des dépôts, si votre banque fait faillite, vous récupérez votre argent mais, attention, seulement dans la limite de 100 000 euros par personne. Au-delà vous perdez tout, y compris sur tous vos supports d'épargne, à l'exception tout de même de l'assurance-vie, des Plans d'Epargne Entreprise et des Plans d'Epargne pour la Retraite, du moins si tout va bien. Car une fois que la brèche a été ouverte, tout devient possible.

4. L'épargne est également menacée par une hausse des impôts. En effet, dans son moniteur des finances publiques de janvier 2021, le FMI conseille aux Etats surendettés (dont la France fait bien entendu partie) d'augmenter la fiscalité qui pèse sur le patrimoine et l'épargne au sens large. Tout un programme ! Cette mesure est d'autant plus alléchante en France que l'épargne financière des Français vient de dépasser les 6 000 milliards d'euros.

5. En attendant de payer une partie de la facture de la crise engendrée par la pandémie et la guerre en Ukraine, les épargnants sont d'ores et déjà menacés par la « finance folle », qui est d'ailleurs certainement le plus grand danger qui menace notre épargne, ainsi que la stabilité financière, économique et sociétale des économies développées et notamment de la France. Cette folie dépasse effectivement toutes les limites. Ainsi, en dépit de la pandémie, de la récession, puis de la flambée inflationniste, les marchés boursiers ont continué de croître dans le vide.

Les exemples de cette folie sont pléthore : GAFAM, licornes du numérique valorisées des milliards de dollars en dépit de pertes abyssales et durables, cryptomonnaies, NFT... Fort heureusement, comme nous l'avons vu dans le chapitre 19, ces excès ont commencé à être corrigés depuis la fin 2021 et surtout au premier semestre 2022. Pour autant, chassez le naturel et il revient au galop : de nouveaux dérapages demeurent possibles, par exemple si les banques centrales se remettent à actionner la « planche à billets ».

Il faut donc rester vigilant. L'épargne est trop sacrée, souvent accumulée après des années d'efforts, pour la détruire en quelques jours ou quelques mois ! Plus que jamais, il faut donc avoir le courage de dire la vérité : à court terme, de nouvelles tempêtes financières sont presqu'inévitables. Et ce d'autant que la stagflation s'est installée durablement.

Face à ces dangers, plusieurs questions essentielles se posent et notamment : Comment protéger son épargne ? Et vers quels types de placements faut-il orienter cette dernière pour ne pas trop souffrir du retour de l'inflation et de la récession ? Car, ne l'oublions pas : plus l'inflation augmente, plus le pouvoir d'achat de son épargne baisse, d'autant que la récession empêche toute augmentation durable des salaires.

Face à cette douloureuse et incontrôlable dépréciation, certains n'ont pas hésité à conseiller d'investir massivement vers le bitcoin et les cryptomonnaies. Le krach que celles-ci subissent depuis l'automne dernier rappelle qu'il faut rester extrêmement prudent. N'oublions pas que ces produits ne sont contrôlés par aucune autorité de supervision et peuvent s'effondrer en quelques jours à la suite d'une malheureuse déclaration ou d'une rumeur. De même, il n'est pas possible de faire des prévisions fiables sur ce type de « placements » qui ne disposent pas de soubassement économique avéré. Autrement dit, un économiste ou un gérant raisonnable ne peut conseiller d'acheter du bitcoin et des cryptomonnaies, sauf pour ceux qui aiment les sueurs froides et n'ont pas peur de perdre leurs économies.

Faut-il alors investir sur les marchés boursiers ? En effet, l'inflation constitue souvent un bon moyen pour les entreprises d'améliorer leurs marges. Or, qui dit profits augmentés dit bourses bien orientées !

Ce raisonnement pèche néanmoins par trois voies principales. Primo, avant la résurgence inflationniste de la fin 2021, les marchés boursiers étaient en bulle et leur récente dégringolade ne fait que dégonfler cette dernière.

Secundo, l'augmentation actuelle de l'inflation est tellement forte qu'elle va nettement freiner la croissance, voire susciter une mini-récession, compromettant par là même les profits de 2022 et certainement de 2023.

Tertio, comme cela s'observe déjà depuis quelques mois, la reflation provoque une tendance durable de tension des taux d'intérêt des obligations d'Etat, ce qui ne manquera pas de déprimer encore un peu plus l'activité économique et les marchés boursiers. Bref, si ces derniers demeurent les plus performants sur longue période, la prudence devra rester de mise à court terme et, pour le moment, il faudra favoriser les stratégies d'aller-retour sur les marchés boursiers.

Parallèlement, compte tenu de l'augmentation des taux obligataires, il est primordial de délaisser les dettes publiques, notamment des pays développés, en particulier de la France et des pays du Sud de l'Europe. Idem pour les titres de dette privée, sauf à bénéficier d'une grosse prime de risque et uniquement pour des entreprises viables sur le moyen terme.

Face à ces dangers, il pourrait alors être tentant de se focaliser sur l'immobilier. En effet, la pierre constitue une valeur refuge sur longue période, d'autant que lorsque les prix à la consommation augmentent ceux de l'immobilier font généralement de même. Le seul problème est que, comme nous l'avons vu au chapitre 20, l'immobilier français est aujourd'hui trop cher comparativement aux revenus des ménages. Et si jusqu'à présent cette bulle a pu être contournée grâce à la faiblesse des taux d'intérêt des crédits, il est clair que l'augmentation passée et à venir de ces derniers va siffler la fin de la récré et remettre les pendules à l'heure. Une baisse des prix immobiliers est donc plus que probable dans la plupart des grandes villes de l'Hexagone.

Faut-il alors acheter des matières premières ? Un peu, mais pas trop. D'une part, parce que les cours de ces dernières ont déjà fortement augmenté depuis un an et *a fortiori* ces derniers mois. D'autre part, parce qu'après la reprise de rattrapage de 2021, la croissance mondiale va mécaniquement ralentir, notamment à cause de l'augmentation de l'inflation et des taux d'intérêt obligataires, ce qui freinera, voire inversera la flambée des cours des matières premières d'ici la fin 2022.

Pour être sûr de pouvoir protéger efficacement son épargne contre l'inflation et les risques ambiants, il paraît donc plus astucieux de favoriser trois autres valeurs refuges. Premièrement, l'or et les métaux précieux au sens large. Depuis le début 2022, le métal jaune a d'ailleurs nettement progressé, se rapprochant des 2 000 dollars l'once, comme lors de la première vague pandémique. Attention cependant car lorsqu'il dépassera nettement cette barre, l'or commencera à devenir trop cher et pourra alors se replier, tout en subissant une forte volatilité. Il faudra donc en avoir en portefeuille, sans pour autant y investir toutes ses économies.

Deuxième valeur refuge aguerrie aux crises et à l'inflation, le franc suisse peut également constituer une bonne alternative. Mais là aussi, la prudence doit rester de mise, car, comme pour toutes les devises, des secousses pourraient se produire au gré des évolutions de l'inflation et de la croissance mondiale.

Enfin et troisièmement, après avoir connu quelques années de traversée du désert compte tenu de la faible inflation à travers le monde pendant une décennie et *a fortiori* en 2020, les obligations indexées sur l'inflation (OII) ont désormais le vent en poupe. En effet, elles constituent les meilleures protections contre l'inflation pour la bonne et simple raison que le principal et les intérêts de ces obligations varient en fonction du taux d'inflation. Autrement dit, plus l'inflation se tend plus la valeur et le coupon de vos OII augmentent.

Dans tous ces cas, il faudra néanmoins rester prudents : après plusieurs années dopés à la morphine des banques centrales et une année complète sous perfusion totale, les marchés financiers sont en train de se réveiller avec la « gueule de bois », ce qui pourrait aggraver les tensions et la volatilité. En d'autres termes : attention aux secousses et aux mauvaises surprises !

L'or, meilleure valeur refuge contre la récession…

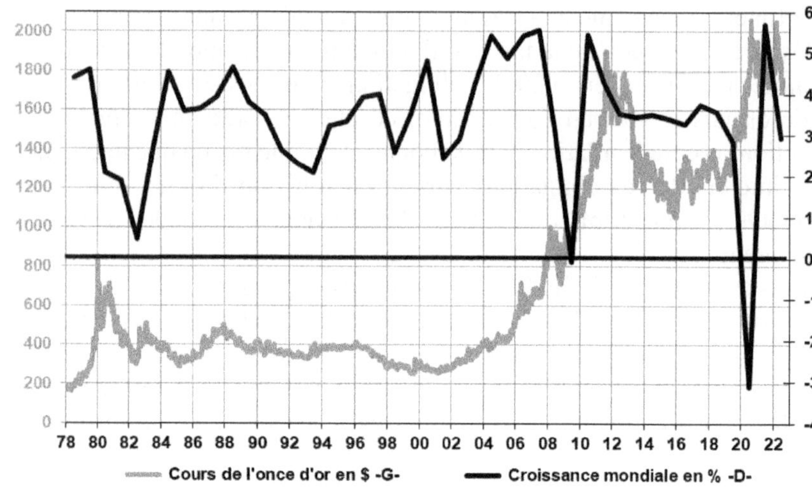

Sources : FMI, ACDEFI

… et surtout contre l'inflation.

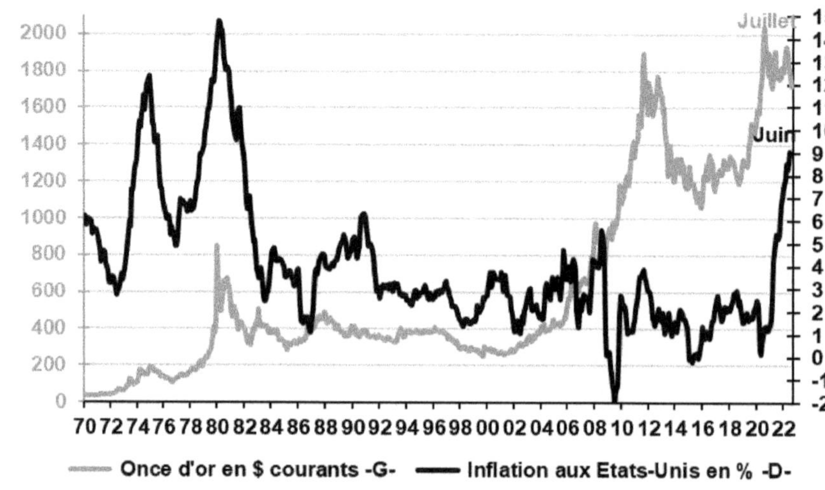

Sources : FMI, BLS, ACDEFI

29.
Comment sortir des crises par le haut ?

Pandémie qui tarde à disparaître complètement, inflation élevée qui perdure, guerre en Ukraine, ralentissement économique qui s'aggrave à travers le monde, risque de rentrée sociale particulièrement chaude dans l'Hexagone, élections législatives italiennes de septembre qui pourraient faire remonter fortement les taux d'intérêt des obligations d'Etat dans la Zone Euro, voire susciter l'explosion de cette dernière... A l'évidence, les semaines et les mois qui viennent s'annoncent compliquées.

Et ce, d'autant que, face à ces évolutions défavorables, les armes de politique économique pour tenter de relancer la machine sont limitées, pour ne pas dire inexistantes. En fait, seuls les pays disposant de réserves de change conséquentes (notamment les pays asiatiques) et/ou d'une marge de manœuvre budgétaire appréciable (principalement l'Allemagne et les Pays-Bas) ont de quoi affronter cette nouvelle crise. Les Etats-Unis devraient tirer progressivement mais difficilement leur épingle du jeu, notamment grâce à l'hégémonie du dollar et à la combativité de leurs entreprises et de leur main-d'œuvre.

Quant à la Zone Euro (hors Allemagne et Pays-Bas), sa cartouchière est vide : le taux refi est à 0,50 %, la dette publique est stratosphérique, la « planche à billets » a déjà été utilisée à plein mais n'a produit que très peu d'effets positifs sur la croissance, alimentant une bulle boursière conséquente et une inflation galopante.

Dans ces conditions, la fin 2022 et l'année 2023 seront inévitablement difficiles. Face à cette sombre perspective, il pourrait évidemment être tentant de baisser les bras. Mais attention : si nous nous décourageons, nous sommes sûrs de perdre, car le pessimisme est, par définition, auto-réalisateur et par là même destructeur. Dès lors, il faut songer à se barricader, s'acheter un lopin de terre pour cultiver ses légumes et élever ses chèvres, tout en se munissant d'un fusil pour défendre le tout…

Fort heureusement, bien loin de ce scénario catastrophe, nous pouvons aussi opter pour une deuxième solution : celle de la sortie de crise par le haut. Pour ce faire, il « suffit » de se retrousser les manches et de retrouver une certaine dose d'espoir, voire d'optimisme. Ne l'oublions jamais : les crises font partie de la vie économique et sont toujours des phases d'opportunité. Autrement dit, si, un jour un homme politique ou un économiste annonce qu'il a la recette pour supprimer les crises, vous saurez que c'est un dangereux menteur. En économie, c'est un peu comme avec le corps humain ou le climat, il y a des crises et des tempêtes, l'essentiel est d'en sortir par le haut.

Ce n'est d'ailleurs pas pour rien qu'en mandarin, le mot « crise » se décompose en deux mots « danger » (Wei) et « opportunité » (Ji) ! Souvenons-nous également que l'économie n'est pas une science exacte mais une science humaine, sur laquelle les femmes et les hommes ont donc un véritable pouvoir et pour laquelle il n'y a donc pas de fatalité. Notre avenir est entre nos mains et si nous n'en sommes pas conscients, nous devenons alors la proie du doute et de la faillite.

Malheureusement pour nous, c'est-à-dire les Français et les Européens continentaux, cette réalité et cette conviction que tout devient possible grâce à la volonté ont du mal à être intégrées culturellement. De la sorte, nous devenons beaucoup plus vulnérables que nos partenaires anglo-saxons, sans parler des pays émergents et notamment de la Chine chez qui la vision d'avenir est une seconde nature.

Soyons donc clairs : si nous continuons de broyer du noir, si des pays comme la France refusent de réformer en profondeur leur économie, si les gouvernements de la Zone Euro ne réussissent pas à se mettre d'accord pour unir leurs forces, si les partenaires sociaux refusent de s'entendre, alors, l'UEM et la France seront les grandes perdantes de la prochaine décennie.

En effet, dans la mesure où chez nous, la culture de la fatalité, du pessimisme et du regard dans le rétroviseur est dominante, nous sommes en danger. Pour éviter la dépression tant économique que psychologique, nous avons donc l'obligation de nous prendre en main sans trop compter sur les pouvoirs publics qui, de toutes façons, finiront par nous faire payer la facture en ré-augmentant les impôts.

Dans ce cadre, pour éviter de péricliter, nos entreprises devront lancer des stratégies anti-crise qui leur permettront de sortir par le haut de la situation actuelle. Je leur conseille ainsi les quatre voies stratégiques suivantes :

1. Des stratégies de niches, sur des produits et des services qu'elles sont les seules à réaliser et sur lesquels elles disposent d'un savoir-faire.

2. Faire savoir ce « savoir-faire » en développant les efforts de communication. En temps de crise, on hésite souvent à communiquer. Il s'agit là d'une grave erreur car celui qui ose faire parler de lui à bon escient, y compris pendant les tempêtes, réussira à se démarquer et à capter de nouveaux clients.

3. Miser au maximum sur l'innovation et la Recherche-Développement, de manière à conserver en permanence un ou deux trains d'avance sur la concurrence. Ces efforts doivent notamment porter sur les investissements informatiques et la rationalisation des coûts. Bien entendu, l'innovation ne concerne pas seulement la high-tech. Elle peut et doit aussi s'appliquer à toutes les strates du processus de production et de distribution : relations avec les clients, outils comptables, gestion des stocks, service après-vente… Ces efforts d'innovation devront également être accompagnés par un développement adéquat de la formation des salariés, de manière à porter ces derniers et l'entreprise dans son ensemble vers le haut, c'est-à-dire avec en permanence un métro d'avance en matière de qualifications.

4. Développer son rayonnement à l'international, en Europe, mais aussi dans le monde émergent qui continuera de réaliser, malgré les crises, les deux tiers de la croissance mondiale au cours des trente ans à venir.

Accompagnant ces stratégies, il sera également indispensable de miser de plus en plus sur la « distribution on line » et la vente à distance, tout en mettant en avant une qualité du service hors-pair et la transparence des tarifs. Ce faisant, nos entreprises pourront continuer leur développement avec succès comme elle le font déjà depuis plusieurs années et sortir ainsi gagnantes de la crise.

Si une entreprise développe ces stratégies, elle est sûre de sortir vainqueure de la crise. Si elle en dispose d'une ou deux, cela ira. Par contre, si elle n'en a aucune, il faut absolument qu'elle en trouve une.

Quant aux salariés, un comportement similaire doit être adopté : se retrousser les manches, se rendre indispensable, adhérer au projet de l'entreprise, améliorer ses compétences, ne pas hésiter à aller voir ailleurs et notamment à l'international. A l'inverse, celui qui baisse les bras, qui ne se remet pas en question, qui joue contre son entreprise et compte sur l'Etat pour lui sauver la mise est sûr de perdre.

Espérons donc qu'à l'instar de nos partenaires américains, anglais, irlandais, chinois ou indiens, dc plus en plus de Français et d'Européens continentaux, entreprises et ménages confondus, sauront retrouver une vision d'avenir et relever les défis de demain avec espoir, car, ne l'oublions pas, l'optimisme paie toujours… *A fortiori* lorsque le monde doit passer par deux fois par la case « Reset ».

30.
Un nouveau monde, deux possibilités…

Vous l'aurez donc certainement compris au travers de ce livre : le monde de l'après-pandémie demeure particulièrement dangereux, *a fortiori* avec la guerre en Ukraine et le retour de la stagflation. Pour autant, il est aussi celui de nouvelles opportunités.

Dans ce cadre, tout reste possible : le pire comme le meilleur. Voici pourquoi, plutôt que de déterminer ce livre sur une fin ferme et définitive, j'ai préféré vous donner le choix, avec une fin alternative. Sans sombrer dans le pessimisme défaitiste, ni dans l'optimisme béat, il faut effectivement savoir que deux grandes possibilités s'offrent à nous. Il faudra simplement que les dirigeants de la planète, mais aussi ses entreprises et ses citoyens fassent les bons choix.

En fait, comme souvent depuis le Moyen-Âge, tout se jouera en Europe, qui, selon moi, sera le vecteur du « quitte ou double » de la prochaine décennie.

En effet, la Chine et l'Inde sont d'ores et déjà les grands gagnants des dernières crises et sont en train de transformer leur réussite économique en puissance financière et politique.

Mais les Chinois ne veulent pas s'arrêter en si bon chemin. Ils souhaitent pouvoir créer un véritable concurrent au dollar, seul moyen de devenir les véritables « maîtres du monde ». Certes, la suprématie chinoise reste impossible tant que l'espace financier de la Chine est fermé et que le yuan n'est pas une devise internationale. En d'autres termes, les Chinois ne sont pas encore prêts, tant économiquement que financièrement. Ils n'y ont d'ailleurs pour le moment aucun intérêt, car un yuan trop cher pourrait casser leur croissance. Ils ne feront donc pas la même erreur que les Japonais, qui, à la fin des années 1980 et au début des années 1990 ont décidé d'apprécier fortement le yen, qui, en quelques trimestres est passé de 200 à 80 yens pour un dollar. Cette erreur stratégique leur a été fatale, puisque ce yen surévalué a tout simplement fait exploser toutes les bulles financières japonaises et a plongé l'Archipel nippon dans une déflation, qui n'est d'ailleurs toujours pas complètement terminée aujourd'hui.

De quoi souligner qu'à l'échelle d'un pays, comme à celui d'une entreprise ou d'un particulier, un mauvais choix peut coûter très cher et très longtemps.

Particulièrement pragmatiques, les Chinois n'engageront donc pas la bataille contre les Etats-Unis et le dollar, sans avoir une grande chance de la remporter.

En outre, n'oublions pas qu'avec 3 000 milliards de dollars de réserves de changes et environ 1 000 milliards de dollars de bons du Trésor américains, une trop forte baisse du dollar serait une catastrophe pour la valorisation des actifs chinois libellés dans cette monnaie.

En dépit d'une opposition de façade, les Américains et les Chinois feront donc tout pour que rien ne change. Du moins à court terme. Car, ne nous leurrons pas, la Chine entend devenir la première puissance économique mondiale et elle est consciente que, pour y parvenir, elle devra aussi disposer de la devise internationale de référence. Mais seulement à partir du moment où son économie sera suffisamment puissante pour supporter une devise durablement forte. Elle ouvrira alors ses marchés financiers, laissera le yuan s'apprécier massivement et pourra imposer aux pays de l'Opep et à ses partenaires commerciaux de libeller leurs transactions commerciales en yuan.

Cette perspective n'aura certainement pas lieu avant une bonne quinzaine d'années. Néanmoins, si elle se réalise, les États-Unis deviendront un « pays émergent », criblé de dettes, ne pouvant plus actionner la « planche à billets » à l'envi, ni financer ses déficits grâce au rôle hégémonique de sa devise. La récession s'installera alors durablement outre-Atlantique, mais aussi sur le « Vieux Continent » qui, comme d'habitude, souffrira encore plus que l'Oncle Sam.

Une chose est sûre : si le dollar tombe définitivement de son piédestal, la planète connaîtra une crise bien plus grave et durable que celle des années 2008-2009 ou encore que celle que nous vivons depuis 2020.

Voilà pourquoi, elle n'aura pas lieu tout de suite et incitera les Chinois et les Américains à s'entendre quoi qu'il en coûte, y compris sur la question taïwanaise.

En revanche, si la prochaine crise ne viendra certainement pas d'une confrontation Etats-Unis/Chine, elle pourrait malheureusement provenir de la Zone Euro qui, plus que jamais, apparaît affaiblie par la pandémie, l'explosion de sa dette publique, la guerre en Ukraine et le retour de la stagflation.

C'est alors que deux scénarios s'offrent à nous.

Commençons par le scénario favorable, que certains trouverons certainement trop optimiste et que nous appellerons celui de la raison, en l'occurrence celui du sauvetage de la Zone Euro et de l'Union Européenne au sens large, quitte à en redéfinir les contours et les règles, mais de façon ordonnée.

Car, ne l'oublions pas : l'Union Economique et Monétaire (UEM) et l'euro n'ont pas été créés pour détruire, mais pour construire. A la base, l'UEM devait ainsi devenir la zone de croissance la plus forte du monde développé et imposer l'euro comme monnaie internationale de réserves et de transactions. Or, vingt-trois ans plus tard, force est de constater que c'est exactement le contraire qui s'est produit : sur le front des performances de croissance, la Zone Euro a effectivement été la lanterne rouge de la planète avec le Japon. Quant au dollar, en dépit d'une volatilité importante, son rôle de benchmark international est resté prédominant, avec pour nouveau challenger potentiel, non pas l'euro, mais le yuan.

Cette absence d'efficacité économique rappelle un problème fondamental : la Zone Euro n'a jamais été terminée. En effet, cette dernière ne sera aboutie et donc crédible uniquement lorsqu'elle sera devenue ce que l'on appelle une Zone Monétaire Optimale (ZMO), c'est-à-dire parfaitement unifiée à tous points de vue, comme par exemple les Etats-Unis d'Amérique, les Etats-Unis du Brésil ou encore l'Etat fédéral allemand. C'est d'ailleurs ce qui était prévu dans le traité de Maastricht, mais a été complètement oublié.

Pour comprendre cette erreur de construction, il faut remonter à la genèse de l'UEM et notamment à la relance Mitterrand de 1981. Un an plus tard, l'échec est cuisant : les déficits commerciaux et budgétaires se creusent dangereusement, le franc est constamment attaqué, l'inflation explose, la croissance reste faible et le chômage continue d'augmenter. Le Président français est alors devant un choix crucial : soit il continue sa politique et il doit alors sortir du Système Monétaire Européen (SME), voire de l'Union européenne, soit s'il veut ancrer la France dans la construction européenne et doit donc pratiquer une politique de rigueur. Après une période d'hésitation, sur les conseils insistants de Jacques Delors et certainement parce qu'il ne veut pas remettre en cause l'amitié franco-allemande, François Mitterrand opte finalement pour la seconde solution.

Le Chancelier allemand Helmut Kohl lui souffle alors une idée simple (et qui apparaît d'ailleurs particulièrement pertinente aujourd'hui) : cette fois-ci la France a fait le bon choix, mais en sera-t-il de même à l'avenir ? Pour éviter de prendre le risque d'explosion de la construction européenne, il faut donc un acte fort qui scellera à jamais cette dernière. Ce lien indéfectible ne peut être que la monnaie.

Petit problème : l'Union européenne n'est pas une Zone Monétaire Optimale. Or, on ne peut faire d'union monétaire (c'est-à-dire fixer à jamais les parités de changes entre les différents Etats composant l'Union) qu'entre pays économiquement proches. D'où l'idée de conditionner l'entrée dans l'UEM à des critères de convergence (déficit public inférieur à 3 % du PIB, dette publique inférieure à 60 % du PIB, inflation limitée, taux d'intérêt à long terme convergents et participation au SME depuis au moins deux ans).

Evidemment, tout le monde est conscient que ces critères ne sont que nominaux et sont donc insuffisants pour garantir l'avènement d'une ZMO. Mais qu'importe, l'enjeu politique est tellement fort que l'on décide de créer une monnaie unique qui, ensuite, du moins c'est ce que l'on espère à l'époque, permettra de créer une vraie ZMO, c'est-à-dire une zone dans laquelle la mobilité des facteurs de production (et en particulier la main-d'œuvre) sera parfaite. De la sorte, elle évitera la survenance de chocs asymétriques. En d'autres termes, si un des États membres connaît une crise spécifique (que l'on appelle un choc asymétrique), le budget fédéral pourra y remédier directement, annihilant ainsi les risques de contagion à l'ensemble de la zone.

Pour parvenir à cet objectif, la création de la Zone Euro devait être suivie de décisions majeures parmi lesquelles l'harmonisation des conditions fiscales et réglementaires, celle des marchés du travail, mais aussi la création d'une véritable politique budgétaire européenne. Mais tout ceci n'a pas été réalisé, rendant de facto la Zone Euro bancale entre une monnaie et une BCE uniques mais plusieurs politiques budgétaires, des conditions fiscales et réglementaires différentes… La Zone Euro est donc restée des plus disparates et n'a jamais disposé de moyens budgétaires pour réduire ces divergences. A titre de comparaison, on peut par exemple noter que le budget fédéral des États-Unis, qui alloue des dépenses en fonction des besoins des Etats, représente 20 % du PIB américain, tandis qu'il ne représente que 1 % du PIB dans la Zone Euro.

Il faut donc arrêter de tourner autour du pot : l'UEM ne pourra sortir de la crise actuelle, et plus globalement de sa crise existentielle tant qu'elle ne sera pas une ZMO. Pour sauver la Zone Euro, voici donc les conditions indispensables à mettre en place : parfaite mobilité des capitaux, des entreprises, mais aussi des travailleurs au sein de l'UEM, harmonisation des conditions fiscales, budgétaires et réglementaires, marché du travail unique, sans oublier l'instauration d'un budget fédéral conséquent.

Ne l'oublions pas, la création de l'euro n'était qu'une étape visant à donner naissance à une union politique et fédérale.

Bien entendu, il ne faut pas être dupes, de moins en moins d'Européens sont prêts pour ce « nouveau monde ». Et il ne servira à rien de les forcer.

Voilà pourquoi, il serait plus optimal de proposer une « Europe à la carte », du moins à 4 vitesses. La première sera une sorte de « Zone Euro premium », uniquement avec les pays qui acceptent et respectent les règles d'harmonisation des conditions fiscales et réglementaires, le tout étant consolidé par un budget fédéral et une union politique.

Ensuite, une « Zone Euro basique » pourra réunir les pays souhaitant garder la monnaie unique, mais n'étant pas encore capables de remplir tous les critères d'adhésion à la « Zone Euro premium ». Ces pays pourraient ainsi bénéficier d'un taux de change un peu moins fort de manière à pouvoir retrouver le chemin d'une croissance durablement soutenue et *in fine* intégrer la « zone premium », seulement s'ils le souhaitent et s'ils s'engagent à en respecter les règles.

Encore un peu plus bas sur l'échelle de l'intégration européenne, la troisième Europe serait tout simplement celle de l'Union européenne actuelle, c'est-à-dire une zone de libre-échange, mais sans monnaie commune.

Enfin, la dernière Europe réunirait les pays géographiquement européens, mais qui ne souhaitent pas faire partie de l'Union européenne, avec néanmoins des relations économiques et commerciales privilégiées, tels que la Suisse, la Norvège et le Royaume-Uni.

Cette nouvelle Europe ne sera évidemment pas parfaite, mais elle aura au moins le mérite d'être claire, transparente et crédible. Ce qui ne sera déjà pas si mal…

Et surtout, elle évitera de plonger le monde dans une nouvelle crise mondiale inextricable. Elle pourrait, au contraire, se traduire par une certaine stabilité économique et géopolitique, à même de calmer les velléités chinoises, indiennes, voire américaines.

Dans ce cadre, après avoir frôlé la catastrophe avec la pandémie de Coronavirus, puis la guerre en Ukraine et le retour de la stagflation, le monde connaîtrait une phase de prospérité équilibrée et durable.

Si l'issue de ce RESET II serait évidemment idéale, il faut néanmoins souligner qu'il en existe une autre, beaucoup moins agréable, en l'occurrence une explosion désordonnée de la Zone Euro, voire de l'Union Européenne.

Et malheureusement, cette occurrence gagne en probabilité. En effet, comme nous l'avons vu notamment dans ce livre, plus les semaines passent, plus la Zone Euro sombre. Pourtant, comme lors du naufrage du Titanic, l'orchestre joue encore de la musique et rares sont encore ceux qui osent imaginer l'inévitable.

Ainsi, la BCE vient d'augmenter son taux refi de 0 % à 0,50 % en annonçant qu'elle continuera d'assurer la faiblesse des taux d'intérêt des dettes des Etats les plus dépensiers. Autrement dit, elle souhaite donner une prime aux mauvais élèves.

Des décisions évidemment bien peu crédibles, comme en témoigne la stagnation de l'euro autour de 1,02 dollar.

Et ce, d'autant qu'au même moment, la Zone Euro a été secouée par deux évènements non négligeables.

D'une part, la publication des indicateurs des directeurs d'achat de juillet, qui confirment que la Zone Euro et la plupart de ses membres, et notamment la France et l'Allemagne, sont bien en train de rechuter en récession.

D'autre part, la démission de Mario Draghi qui va provoquer de nouvelles élections législatives en Italie le 25 septembre prochain.

Une nouvelle crise politique italienne est donc en marche et risque de sonner le glas de l'UEM.

En effet, n'oublions pas que les créances douteuses dans les banques italiennes avoisinent les 300 milliards d'euros. Que vont devenir ces dernières en cas de nouvelle crise politique ? Parallèlement, en dépit de tous ses sacrifices depuis des décennies, l'Italie est toujours reléguée au rang des pays dangereux. La note de sa dette publique n'est que de Baa3 (selon la classification de Moody's) et les taux de ses obligations d'État à dix ans sont évidemment repartis à la hausse depuis quelques mois. Ils sont ainsi passés de 0,5 % en 2021 à désormais 3,4 %. C'est certes toujours beaucoup moins que les 7 % du début 2012, mais toujours beaucoup trop pour permettre à l'Italie d'inverser la spirale haussière de la dette.

D'autant que son PIB reste fragile et que la remontée des taux longs suscitée par une nouvelle crise politique risque d'engendrer une nouvelle baisse de l'activité au cours des prochains trimestres. Or, tant que la croissance en valeur est insuffisante pour compenser la charge annuelle d'intérêts de la dette (environ 4 % du PIB italien chaque année) et même si la BCE distribue de la « morphine » sans compter, la sortie définitive de la crise de la dette publique reste impossible.

Voilà pourquoi l'Italie est en danger. Et avec elle, l'ensemble de la Zone Euro. Car ne nous leurrons pas : une nouvelle crise italienne sera bien plus dévastatrice que les multiples crises grecques de 2010 à 2015. Non seulement car le PIB italien représente 15,4 % de celui de la Zone Euro (contre 1,6 % pour celui de la Grèce), mais aussi parce que la dette publique italienne atteint déjà les 2 755 milliards d'euros, contre 356 milliards d'euros pour celle de la Grèce en 2011.

Mais, finalement, l'explosion de la Zone Euro pourrait bien être provoquée par le pays que l'on n'attend le moins, en l'occurrence l'Allemagne.

En effet, dans la mesure où cette dernière plonge dans la récession et dans une crise énergétique et économique durable, elle n'est désormais plus disposée à sauver la Zone Euro coûte que coûte.

Pour s'en rendre compte, il suffit d'écouter les membres du gouvernement allemand, les dirigeants de la Bundesbank ou encore les médias allemands.

En effet, qu'il s'agisse du Chancelier Olaf Scholz ou du ministre des finances Christian Lindner, aucun des dirigeants allemands n'a caché ses réticences à l'égard d'une politique budgétaire trop expansionniste des pays de l'UEM et du maintien de la politique ultra-accommodante de la BCE. De plus et surtout, il ne faut pas oublier qu'outre-Rhin, de plus en plus de voix s'élèvent à l'encontre de la Zone Euro.

Et oui, à force d'imaginer que la Grèce pourrait sortir de l'UEM, on a fini par oublier que le pays le plus enclin à claquer la porte de cette dernière pourrait bien être l'Allemagne. Bien entendu, les Allemands oublient un peu trop vite que la Zone Euro a aussi été une chance pour eux. En effet, elle leur a permis de figer leur monnaie vis-à-vis de celle de leurs principaux partenaires européens, évitant par là même de pâtir d'un taux de change trop élevé. En d'autres termes, il est clair que si l'euro n'existait pas, le deutsche mark se serait fortement apprécié face aux autres devises européennes, pénalisant les exportations allemandes. A l'inverse, l'Allemagne a aujourd'hui la chance de disposer d'un marché colossal et presque captif, avec un taux de change favorable.

Si cet argument est imparable et montre que l'Allemagne n'aurait pas forcément intérêt à sortir de la Zone Euro, il doit néanmoins être relativisé. En effet, ce qui permet aux entreprises allemandes d'exporter réside principalement dans la qualité et la technicité de leurs produits. Ainsi, avec un deutsche mark fort, elles auraient tout de même pu continuer à exporter massivement. En outre, n'oublions pas qu'à l'inverse de certains de ses partenaires européens (et notamment la France), l'Allemagne a su diversifier la destination de ses exportations et miser très vite sur les pays émergents en forte croissance. C'est d'ailleurs la principale raison pour laquelle les exportations allemandes sont restées dynamiques même lorsque l'euro était trop fort.

Mais, au-delà de ces bons choix stratégiques (tant d'un point de vue sectoriel que géographique), les entreprises d'outre-Rhin ont bénéficié également d'une forte modernisation de leur économie. Celle-ci s'est notamment traduite par une réduction de l'impôt sur les sociétés, par un marché du travail plus flexible, par un amoindrissement du coût de la main-d'œuvre et, plus globalement, par une réduction des dépenses publiques.

Et c'est sur ce point précis que les Allemands ont de quoi taper du poing sur la table. En effet, après avoir, eux aussi mais avant tout le monde, sombré dans une crise dramatique en 2001-2003, ils ont réussi à prendre le taureau par les cornes et à rompre avec l'atonie économique. Cela a pris dix ans, mais depuis, ils ont retrouvé le leadership de la croissance de la Zone Euro.

Le problème est qu'avec la crise énergétique des derniers mois et les mauvais choix stratégiques décidés outre-Rhin depuis quelques années, et notamment la fin du nucléaire, l'Allemagne est tombée dans une crise sans précédent.

En outre, si depuis l'après-guerre, les Allemands ont constamment avalé des couleuvres et volé au secours de leurs partenaires européens, aujourd'hui, ils ne semblent plus disposés à le faire aussi facilement. Ou du moins à une condition : que les pays eurolandais engagent les mêmes réformes qu'ils ont réussi à mener depuis plus de quinze ans. Sinon, l'Allemagne retrouvera le pouvoir de dire « Nein ! ».

Ainsi, dans un scénario extrême mais non-impossible, à force d'avoir répété « faites comme nous » sans être suivie, et face à l'adversité ambiante, l'Allemagne pourrait tout simplement se retirer de la Zone Euro et revenir à sa proposition initiale d'une UEM limitée à des pays économiquement et socialement proches (en l'occurrence les Pays-Bas, l'Autriche et le Luxembourg).

Et si ce clash se produit, un cataclysme historique s'imposera autour des quatre drames suivants : 1. Une crise financière type 2008 mais puissance 20. 2. Une flambée inextinguible des taux d'intérêt des obligations d'Etat. 3. L'effondrement des marchés boursiers. 4. Une récession dans les pays de l'ex-Zone Euro, puis au niveau mondial.

Certes, les pays ayant quitté l'euro bénéficieraient d'une devise plus faible, voire d'une dette publique renégociée à la baisse. Cependant, la question reste de savoir si leur perte de crédibilité ainsi engagée pourrait être rapidement surmontée. Car si l'on sait lorsqu'une révolution commence, on sait rarement quand et surtout comment elle se termine…

En conclusion, si tant le Grexit que l'Italexit ont pour l'instant été évité, et si le Frexit ne paraît pas pour demain, ils pourraient très rapidement être remplacés par un terme encore peu répandu, mais dévastateur, en l'occurrence le Gerxit : Germany Exit !

En attendant, que ce soit avec le Brexit, le Grexit, le Frexit ou le Gerxit, l'Europe paraît particulièrement fragilisée, ce qui ne manquera évidemment pas de peser sur l'évolution des marchés financiers mais aussi de l'économie européenne, voire mondiale au cours des prochaines années. Pourtant, en dépit de ces risques évidents, les investisseurs et les bourses internationales continuent de résister. Mais tout a une fin. Aussi, le jour où la réalité va reprendre le dessus, le réveil sera particulièrement douloureux…

CONCLUSION

RESTONS OPTIMISTES, MAIS REALISTES !

On m'accuse parfois d'excès de pessimisme. Dernièrement, un investisseur m'a même qualifié de « cygne noir ». Même si je suis aguerri face aux critiques, je dois avouer que je ne suis pas insensible à ce type de jugement, pour la simple raison que je suis tout sauf pessimiste. En fait, bien loin de ce vrai défaut, je suis un optimiste acharné. C'est d'ailleurs la raison pour laquelle, en dépit des déboires de l'économie française et du manque de courage des dirigeants hexagonaux depuis des années, je continue de préconiser, notamment dans mes livres, des recettes pour sortir notre « douce France » de l'ornière économique et sociétale.

Pour autant, si je refuse de céder au pessimisme maladif et au « déclinisme », je me dois et nous nous devons collectivement d'être réalistes. C'est dans ce cadre que je m'impose de dire la vérité et d'analyser les chiffres de l'économie française, comme ceux de l'ensemble des pays de la planète, mais aussi l'évolution des marchés financiers avec honnêteté et impartialité. Et ce, quel que soit la couleur du parti de gouvernement ou l'opinion de mes interlocuteurs.

Ceux qui me suivent depuis longtemps savent par exemple qu'au début 1998, lorsque Lionel Jospin était premier ministre, j'ai été l'un des premiers à annoncer le retour de la croissance forte en France, à juste titre. J'ai ensuite annoncé la poursuite de cette croissance forte jusqu'en 2000 en dépit du scepticisme ambiant. Et ce, notamment parce que nous profitions d'un contexte presque parfait : une révolution technologique majeure, des cours du pétrole très bas, un niveau de l'euro sous-évalué et une croissance mondiale forte.

Ensuite, que ce soit sous le second mandat de Jacques Chirac et sous celui de Nicolas Sarkozy, je n'ai pas hésité à annoncer, lorsqu'il le fallait, le retour de la croissance molle, notamment par manque de réformes de fond. Avec François Hollande, il n'y avait évidemment pas de raison que cela change. Et ce d'autant que la France est devenue le seul pays développé à refuser de moderniser son économie en profondeur.

De même, en 2009, lorsque la quasi-totalité des prévisionnistes de la planète annonçait l'écroulement de la croissance mondiale, j'étais l'un des rares à prévoir un rebond pour la fin d'année et l'évitement du cataclysme du type « crise de 1929 ». C'est notamment ce que je défendais dans « Krach, boom… et demain ? » (Dunod) qui sortait fin janvier 2009.

A l'inverse, à partir de 2015 et surtout en 2017, j'ai commencé à annoncer que les marchés boursiers et obligataires étaient en bulle, une bulle qui s'est d'ailleurs bien dégonflée en 2018, mais est repartie de plus belle en 2019.

Avec la pandémie de Coronavirus et le plongeon du monde dans sa plus grave récession depuis la Seconde Guerre mondiale, générant par là même un premier RESET, il était évidemment difficile de rester optimistes. Pourtant, dès la fin 2020, j'annonçais que l'année 2021 serait marquée par deux évolutions économiques déterminantes : le fort rebond de la croissance, mais aussi la flambée de l'inflation.

En revanche, j'avais à l'époque la faiblesse de penser que, face à ces deux mouvements, les banques centrales cesseraient leur politique monétaire ultra-accommodante, suscitant un mouvement de correction baissière des marchés boursiers et de remontée des taux d'intérêt des obligations d'Etat, justifiée notamment par la dangereuse flambée des dettes publiques.

Mais, tel n'a pas été le cas. En effet, par clientélisme et manque de discernement, les banques centrales ont préféré faire plaisir aux marchés et aux gouvernements, plutôt que de lutter contre leur objectif premier, l'inflation. C'est alors que l'étiquette de pessimiste a commencé à me coller à la peau.

Pourtant, la correction des marchés financiers a bien eu lieu fin 2021 face à l'explosion de l'inflation et surtout en 2022, notamment parce que la guerre en Ukraine a suscité un deuxième RESET encore plus dévastateur que le premier. Et ce, pour la simple raison qu'après avoir utilisé à l'excès toutes leurs cartouches en 2020 et 2021, les autorités budgétaires et monétaires des pays développés n'en ont aujourd'hui plus aucune dans leur besace pour relancer la machine.

Et ce, en particulier dans la Zone Euro, qui est malheureusement devenue le maillon faible de l'économie mondiale et risque par là même de susciter une nouvelle crise du type de celle qui a suivi la faillite de Lehman Brothers, mais puissance 20.

Annoncer un tel danger n'est pas du ressort du pessimisme, mais du réalisme. D'ailleurs, optimisme ne veut pas dire aveuglement. Autrement dit, il serait stupide de se voiler la face : oui, une nouvelle crise économico-financière a bien débuté en 2021 et 2022 et elle commence à devenir de plus en plus dangereuse.

Croyez-moi, j'aimerais vraiment annoncer de meilleures nouvelles pour l'économie française et celle de la Zone Euro ou encore pour l'avenir des marchés financiers, mais je ne suis pas magicien. Je me contente simplement de dire la vérité et d'établir mes prévisions sur la base de la réalité économique.

Certes, j'ai toujours refusé de devenir un pessimiste invétéré et d'être considéré comme tel. En revanche, quelles que soient les pressions, je continue et continuerai de dire la vérité. Ainsi, en dépit de la pensée unique qui voudrait que l'économie française se porte à merveille et que les marchés boursiers vont encore flamber, je dois vous mettre en garde contre la forte probabilité de déceptions face à ces espoirs.

Je rappellerai donc cet adage de bon sens : mieux vaut prévenir que guérir. Autrement dit, en ces temps troublés, il ne faut pas hésiter à prendre ses bénéfices, même trop tôt, sachant que les grands indices boursiers disposent d'un potentiel de baisse d'au moins 15 %.

En conclusion, permettez-moi de mentionner quelques conseils pour mieux affronter la nouvelle tempête qui arrive : soyez mentalement forts, comprenez que les crises sont toujours des phases d'opportunité, ne comptez pas trop sur les dépenses publiques pour sauver les meubles, préférez investir et consommer plutôt que vous terrer dans la peur et l'épargne.

D'un point de vue financier, restez liquides, vendez vos obligations d'Etat, n'achetez pas de bitcoin ou de cryptomonnaies en tout genre, éventuellement investissez à long terme, par exemple dans la pierre ou dans de belles entreprises et surtout Carpe Diem : profitez de l'instant présent !

Ce livre est plus qu’une lecture à un moment donné. C’est un livre vivant !
Pendant deux ans, vous aurez effectivement accès aux mises à jour de ses principales données : graphiques et tableaux en couleurs, chapitres clés, articles et vidéos de Marc Touati sur sa chaîne YouTube en lien avec les thèmes de ce livre, qui restera donc "à la page" et au fait de l'actualité.

Sur la couverture et les pages signalées par ce picto , vous pouvez utiliser votre smartphone pour visualiser le contenu en ligne. Pour cela :

1. Téléchargez l’application **CP Clickers** sur l’App Store ou Google Play.

2. Pointez votre téléphone sur la couverture et les pages signalées.

3. Profitez du contenu mis à disposition en cliquant sur les liens.

Ce livre a été imprimé en France
Dépôt légal : Août 2022
N° d'impression : 171541